Sondersseiten zum Lernen erkennst du an der Farbmarkierung.

INFOGRAFIKEN
Sie erklären dir ein Thema mithilfe von Bildern besonders anschaulich.

WERKSTATT
Hier erhältst du genaue Versuchsanleitungen.

EXTRA
Mit schwierigeren Texten und Aufgaben kannst du dein Wissen vertiefen.

MATERIAL
Diese Seiten enthalten vielfältige und spannend aufbereitete Informationen.

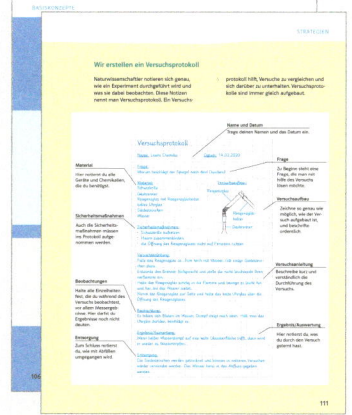

Zusammenfassung, Teste dich selbst, Strategie und Basiskonzept-Seiten erkennst du an der Farbhinterlegung

ZUSAMMENFASSUNG
Hier kannst du das Wichtigste zum Kapitel noch einmal nachlesen.

TESTE DICH SELBST
Mit den Aufgaben am Ende des Kapitels kannst du dich selbst überprüfen.

STRATEGIEN
Auf diesen Seiten werden dir Methoden erklärt.

BASISKONZEPTE
Damit kannst du Zusammenhänge zwischen Themen erkennen.

Symbole im Buch

Schülerversuch: Auch Schülerversuche darfst du nur auf Anweisung der Lehrkraft durchführen. Du solltest die allgemeinen Hinweise zur Vermeidung von Unfällen beim Experimentieren kennen.

Lehrerversuch

gefährlicher Lehrerversuch: Hier müssen besondere Vorsichtsmaßnahmen getroffen werden.

Gib den Code auf www.klett.de in das Suchfeld ein. Er führt dich zu Filmen, Animationen und vertonten Texten.

○ einfache Aufgabe
◐ mittlere Aufgabe
● schwere Aufgabe
💡 Hilfen zu allen ○-Aufgaben ab Seite 114
LS Lesestrategien: Bei diesen Aufgaben trainierst du, mit Texten umzugehen.
▷B 2 Verweis auf ein Bild
► Verweis auf ein Basiskonzept oder eine andere Seite

Strategien zum Arbeiten mit diesem Buch
Arbeiten mit dem Buch (► S.108)
Texte verstehen (► S. 109)
Aufgaben verstehen (► S.110)

PRISMA Physik 5 | 6

Niedersachsen

Heinz Joachim Ciprina
Michael Maiworm
Till Stephan
Oliver Wegner

Ernst Klett Verlag
Stuttgart · Leipzig

Inhalt

1 Magnetismus ... 4

Dein neues Fach Physik
MATERIAL Themenbereiche der Physik ... 6
Experimentieren – aber sicher ... 8
EXTRA Woher wissen wir das? ... 10

Wirkung und Aufbau von Magneten
WERKSTATT Versuche mit Magneten ... 12
Die magnetische Wirkung ... 13
Die Magnetpole ... 14
WERKSTATT Magnete herstellen ... 16
Magnetisieren – Entmagnetisieren ... 17
Das Modell der Elementarmagnete ... 18

Magnetfelder
Das magnetische Feld ... 20
WERKSTATT Magnetfelder erkunden ... 22
EXTRA Magnetfelder treffen sich ... 23
INFOGRAFIK Das Magnetfeld der Erde ... 24
EXTRA Ursache des Erdmagnetismus ... 26
MATERIAL Orientierung am Erdmagnetfeld ... 28

Zusammenfassung ... 30
Teste dich selbst ... 31

2 Optik ... 32

Licht und Schatten
Von der Lichtquelle zum Auge ... 34
WERKSTATT Versuche mit Licht ... 36
Die Ausbreitung des Lichts ... 37
WERKSTATT Versuche mit der Lochkamera ... 38
Wie funktioniert die Lochkamera? ... 39
Licht und Schatten ... 40
EXTRA Halbschatten und Kernschatten ... 42
WERKSTATT Zeitmessung mit der Sonnenuhr ... 43
MATERIAL Licht und Schatten im Weltraum ... 44
Tag und Nacht ... 46
INFOGRAFIK Die Mondphasen ... 48

Reflexion des Lichts
Die Reflexion am Spiegel ... 50
EXTRA Das Reflexionsgesetz ... 51
Wie entstehen Spiegelbilder? ... 52
Reflexion – Streuung – Absorption ... 54
Sicherheit im Straßenverkehr ... 55

Lichtbrechung und Linsen
WERKSTATT Versuche zur Lichtbrechung ... 56
Die Brechung des Lichts ... 57
Totalreflexion ... 58
Wie funktioniert eine Linse? ... 60
Bilder durch Linsen ... 62
WERKSTATT Das Tennisball-Auge ... 63
Auge und Brille ... 64

Geräte und Anwendungen
WERKSTATT Versuche mit der Lupe ... 66
Die Lupe ... 67
Die Kamera – ein technisches Auge ... 68
EXTRA Kameras früher und heute ... 69

Lichtspektrum und Farben
Die Zerlegung des weißen Lichts ... 70
Farbige Lichter mischen ... 71

Zusammenfassung ... 72
Teste dich selbst ... 73

3 Elektrischer Strom ... 74

Stromkreise und Schaltungen
WERKSTATT Elektrische Geräte richtig anschließen ... 76
Der einfache Stromkreis ... 77
Was ist elektrischer Strom? ... 78
Leiter und Nichtleiter ... 79
WERKSTATT Versuche mit Schaltern ... 80
Schalter ... 81
INFOGRAFIK Ein Modell für den Stromkreis ... 82
MATERIAL Spannungsquellen ... 84
Schaltpläne zeichnen ... 86
Reihen- und Parallelschaltung ... 88
Mehrere Schalter im Stromkreis ... 90

Wirkungen und Sicherheit
WERKSTATT Was kann der elektrische Strom? ... 92
Wirkungen des elektrischen Stroms ... 93
MK Wie Elektromagnete funktionieren ... 94
Elektrische Geräte – praktische Helfer ... 95
Energie wird umgewandelt ... 96
EXTRA Die Erfindung der Glühlampe ... 97

MK MATERIAL Energie sparen ... 98
Vorsicht, Strom! ... 100

Zusammenfassung ... 102
Teste dich selbst ... 103

Basiskonzepte ... 104

Wechselwirkung ... 104
System ... 106

Strategien ... 108

Arbeiten mit dem Buch ... 108
Texte verstehen ... 109
Aufgaben verstehen ... 110
Wir erstellen ein Versuchsprotokoll ... 111
MK Recherchieren im Internet ... 112
Gruppenarbeit ... 112
MK Ergebnisse präsentieren: Vortrag ... 113
MK Ergebnisse präsentieren: Plakat ... 113

Anhang ... 114

Hilfen zu Aufgaben (einfach) ... 114
Lösungen ... 118
Glossar ... 120
Stichwortverzeichnis ... 122
Tabellen ... 124
Laborgeräte ... 126
Bildnachweis ... 127

MK Medienkompetenz

1 Magnetismus

Wie funktioniert ein Kompass?

Welche Stoffe zieht ein Magnet an?

Wo kommt Magnetismus vor? Zeichnet Bilder dazu. Sammelt und ordnet eure Bilder und findet Oberbegriffe für ähnliche Bilder.

Wieso können Magnete schweben? | Wie entsteht dieses Muster?

1 MATERIAL Magnetismus | Dein neues Fach Physik

> Ich kann Themen und Sicherheitsregeln des Fachs Physik benennen.

pd4g3s

Material 1

Themenbereiche der Physik

Der **Magnetismus** beschäftigt sich mit magnetischen Vorgängen. Unsere Erde hat z. B. einen magnetischen Nordpol und einen magnetischen Südpol. Mithilfe des Magnetismus wurde z. B. der Kompass erfunden.

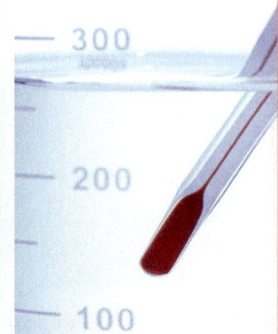

Die **Wärmelehre** beschäftigt sich mit der Temperatur von Körpern. Sie untersucht insbesondere, was mit Körpern passiert, wenn sie erwärmt oder abgekühlt werden. Die Meteorologie ist ein Teilgebiet der Wärmelehre.

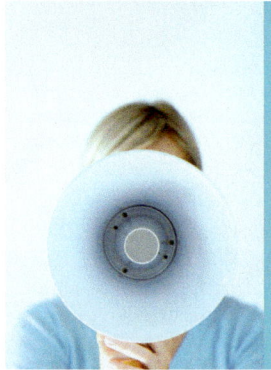

Die **Akustik** beschäftigt sich damit, wie Schall entsteht und wie der Schall sich ausbreitet. Ebenso wird untersucht, welche Töne wir mit unserem Ohr hören können und wie wir uns vor zu lauten Tönen schützen können.

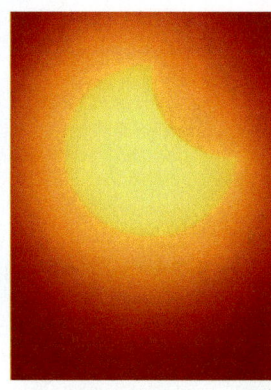

In der **Astronomie** beschäftigt man sich mit der Erforschung der Sonne, der Erde, der Planeten, der Monde und der Sterne. Aufgrund dieser Erkenntnisse kann man z. B. eine Sonnenfinsternis vorhersagen.

Die **Optik** beschäftigt sich damit, wie sich das Licht ausbreitet und wie Lichtstrahlen verändert werden, wenn sie auf Spiegel oder Glas treffen. Mithilfe der Gesetze der Optik konnte man optische Geräte entwickeln (z. B. Kameras und Mikroskope).

Die **Elektrizität** untersucht elektrische Ladungen. Elektrische Ladungen bewirken z. B. Blitze bei einem Gewitter. Die Elektrizität befasst sich auch mit dem elektrischen Strom, den wir ständig im Alltag benutzen (z. B. Batterien).

Die **Mechanik** befasst sich z. B. mit Kräften und ihren Wirkungen und mit der Bewegung von Körpern. Mithilfe der Gesetze der Mechanik wurden Maschinen konstruiert und Bauwerke wie z. B. die Pyramiden errichtet.

Die **Kernphysik** beschäftigt sich mit Atomkernen und wie Atomkerne aufgebaut sind. Die Kernphysik befasst sich auch mit radioaktiver Strahlung und mit der Erzeugung von Kernenergie in Kernkraftwerken.

Material 2

Interview mit einer Physikerin

Reporterin:	Guten Tag Frau Hartmann! Sie sind Physikerin und arbeiten an einer Universität. Arbeiten Physikerinnen und Physiker nur an Universitäten?
Frau Hartmann:	Nein, Physikerinnen und Physiker arbeiten in vielen verschiedenen Bereichen wie z.B. dem Maschinen- und Fahrzeugbau, der Nachrichtentechnik, der Elektroindustrie oder der Luft- und Raumfahrtindustrie. Sogar bei Banken arbeiten sie. Das Einsatzgebiet von Physikerinnen und Physikern ist sehr groß.
Reporterin:	Und was machen Sie als Physikerin an einer Universität?
Frau Hartmann:	An meiner Universität betreibe ich zum einen Forschung auf dem Gebiet der Astronomie und auf der anderen Seite unterrichte ich die Studentinnen und Studenten an meiner Universität.
Reporterin:	Gibt es etwas, was alle Physikerinnen und Physiker gemeinsam haben?
Frau Hartmann:	Na ja, wie viele andere Naturwissenschaftlerinnen und Naturwissenschaftler auch untersuchen wir die Natur, um neue Entdeckungen zu machen. Diese Entdeckungen sind dann häufig der Ausgangspunkt für neue Erfindungen.
Reporterin:	Wo Sie gerade von Erfindungen sprechen. Wer sind denn die bekanntesten Physikerinnen und Physiker?
Frau Hartmann:	Es gibt einfach zu viele bekannte Physikerinnen und Physiker, um sie alle aufzählen zu können. Die bekanntesten Physiker sind mit Sicherheit Albert Einstein und Stephen Hawking. Viele kennen auch noch Galileo Galilei und Isaac Newton. Bereits vor mehr als 2 000 Jahren bei den alten Griechen haben schon Aristoteles und Archimedes Erkenntnisse gewonnen, die wir heute noch nutzen. Im letzten Jahrhundert haben außerdem die beiden berühmtesten Physikerinnen Marie Curie und Lise Meitner gelebt. Die Entdeckungen von Physikerinnen und Physikern haben unsere Welt stark verändert. Die moderne Technik wäre ohne diese Entdeckungen unmöglich gewesen.

Aufgaben

1 Lies Material 1.
- a) Nenne die Themenbereiche der Physik. (S. 114)
- b) Fertige eine Tabelle an, LS in der du den Themengebieten der Physik eine Anwendung zuordnest.
- c) Erkläre an einem Beispiel, wie die Physik unser Leben verändert hat.

2 Lies Material 2.
- a) Gib Einsatzgebiete von Physikerinnen und Physikern an. (S. 114)
- b) Frau Hartmann forscht auf dem Gebiet der Astronomie. Zähle mithilfe von Material 1 mögliche Inhalte ihrer Forschungsarbeit auf. (S. 114)
- c) Beschreibe, welche Aufgaben Frau Hartmann an ihrer Universität hat.
- d) Die Physik ist eine Naturwissenschaft. Zähle weitere Naturwissenschaften auf.

Experimentieren – aber sicher

Ordnung und Übersichtlichkeit
In einem Durcheinander lässt sich nicht gut arbeiten. Um sicher experimentieren zu können, brauchst du einen aufgeräumten Arbeitsplatz.

Vorbereitung des Versuchs
Lies dir vor dem Experimentieren die Versuchsanleitung genau durch:
- Was genau soll untersucht werden?
- Wie soll der Versuch durchgeführt werden?
- Welches Material wird benötigt?
- Wo befindet sich das benötigte Material?

Sicherheitsregeln
Damit du dich und deine Mitschüler beim Experimentieren nicht verletzt, musst du dich an einige Sicherheitsregeln halten:
- Im Fachraum darf weder gegessen noch getrunken werden. Lebensmittel dürfen nicht offen herumliegen.
- Beim Arbeiten mit Gasbrennern, Kerzen, heißen Geräten oder heißen Flüssigkeiten kannst du dich leicht verbrennen. Der Gasbrenner und die anderen Geräte müssen daher stabil stehen. In der Nähe dürfen sich keine brennbaren Gegenstände befinden. Lange Haare müssen zurückgebunden werden.
- Schals musst du vor dem Experimentieren abnehmen. Kopftücher sollten aus Baumwolle bestehen. Kopftücher sollten so gebunden werden, dass sie nicht in die Gasbrennerflamme gelangen können.
- Trage bei Experimenten mit dem Gasbrenner und auf Anweisung immer eine Schutzbrille.
- Achte darauf, dass der Versuchsaufbau stabil steht und nicht umkippen kann.
- Setze für Versuche mit elektrischem Strom nur Batterien oder Netzgeräte ein. Du darfst nur Spannungen bis maximal 24 V verwenden. Experimentiere niemals mit Strom aus der Steckdose, das ist lebensgefährlich!

Geteilte Arbeit macht doppelten Spaß
Viele Versuche lassen sich besser zu zweit oder in Gruppen durchführen. Damit jeder genau weiß, was er zu tun hat, sollten die Aufgaben vorher besprochen werden. Klärt zum

---

experimentieren
Versuch/Experiment durchführen

untersuchen
versuchen etwas herauszufinden

Material
hier: Liste aller Gegenstände für einen Versuch

1 Experimentieren im Physikraum

I

3 Der **Erste-Hilfe-Kasten** enthält Verbandsmaterial für kleinere Verletzungen.

K

5 Die **Augendusche** dient dazu, Spritzer oder andere kleine Fremdkörper, die dir ins Auge gekommen sind, auszuwaschen.

2 Zum Löschen von Bränden ist ein **Feuerlöscher** vorhanden. Informiere dich über die richtige Handhabung.

P

1 Das grüne Schild zeigt dir den **Fluchtweg** ins Freie. Diesen Weg solltest du kennen. Auch in öffentlichen Gebäuden ist dieses Schild zu finden.

Y

H

6 Neben den Türen und am Lehrerpult findest du **NOT-AUS-Schalter**. Wird ein solcher Schalter gedrückt, werden alle Strom- und Gaszuleitungen unterbrochen.

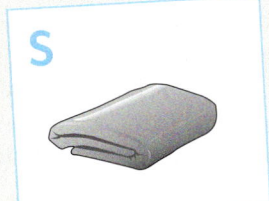

S

4 Für den Fall, dass die Kleidung einer Mitschülerin oder eines Mitschülers Feuer fängt, liegt eine **Löschdecke** bereit.

2 Sicherheitseinrichtungen im Fachraum

Beispiel vorher, wer die Geräte holt und wer sie wieder wegbringt. Klärt auch vorher, wer die Ergebnisse notiert.

Aufräumen und entsorgen
Räume die Materialien und Geräte immer sauber und ordentlich zurück. Entsorge Chemikalien nach Anweisung deiner Lehrerin oder deines Lehrers.

Sicherheitseinrichtungen
Im Fachraum gibt es Anschlüsse für Strom, Gas und Wasser. Außerdem findest du Einrichtungen, die der Sicherheit dienen. Da du in diesem Raum oft selbstständig experimentieren wirst, musst du dich mit den Sicherheitseinrichtungen unbedingt vertraut machen.

Halte dich beim Experimentieren genau an die Anweisungen. Achte auf deine eigene Sicherheit und die Sicherheit deiner Mitschülerinnen und Mitschüler.

Nur wenn alle Sicherheitsmaßnahmen berücksichtigt werden, kann man gefahrlos experimentieren.

Aufgaben

1 Lies die Textkärtchen zu den Sicherheitseinrichtungen (▷ B 2). Suche das jeweils passende Bild. Die Nummern auf den Textkärtchen geben die Reihenfolge der Buchstaben für das Lösungswort an. (💡 S. 114)

2 Nenne wichtige Sicherheitsregeln für das Experimentieren. (💡 S. 114)

3 Fertige eine Skizze an, wo sich in eurem Physikraum Sicherheitseinrichtungen befinden.

4 Was musst du beim Experimentieren beachten? Erstelle eine Liste zum Abhaken mit den Bereichen „Vorher", „Während" und „Nachher".

5 Bei einem Unfall solltest du den Rettungsdienst verständigen. Wenn du telefonisch einen Notruf meldest, solltest du fünf wichtige W-Fragen beantworten. Informiere dich über diese fünf W-Fragen. Erstelle dazu ein Plakat. (▶ S. 112, 113)

1 EXTRA Magnetismus | Dein neues Fach Physik

Woher wissen wir das?

Genau wahrnehmen

Du kannst viele Informationen sammeln, wenn du die Natur bewusst wahrnimmst. Du siehst und fühlst die Sonne, die dich bei blauem Himmel wärmt. Wenn sich Wolken vor die Sonne schieben, dann spürst du Folgendes: Es ist kühler. Daraus kannst du die Erkenntnis gewinnen, dass die Sonnenstrahlen Wärme bringen.

Das Licht der Sonne hat auch Einfluss auf Pflanzen und ihre Blüten: Wenn die Sonne untergeht und das Licht verschwindet, dann schließen sich die Blüten.

An verdorrten Pflanzen siehst du: Pflanzen können nicht ohne Wasser leben. Du siehst bei einem Gewitter einen Blitz, aber erst Sekunden später hörst du den Donner. Jetzt weißt du: Schall benötigt Zeit, um sich auszubreiten.

Viele Beispiele aus der Natur lassen sich aufführen. Durch genaues und bewusstes Wahrnehmen kannst du wichtige Erkenntnisse gewinnen.

Der Versuch

Durch Versuche können Wissenschaftlerinnen und Wissenschaftler immer mehr über die Natur erfahren. Hierbei spielen sinnvolle Versuchsanordnungen, genaues Beobachten, das Aufschreiben und das Auswerten der Beobachtungen eine entscheidende Rolle.

Versuche mit Geräten

Die Entwicklung geeigneter Geräte ist eine große Hilfe. So beobachteten Naturforscher schon sehr früh, dass Körper aus Glas den Weg des Lichts verändern können. Nun war die Erfindung und der Bau von technischen Hilfsmitteln wie Fernrohren, Lupen und Mikroskopen möglich. Mit ihrer Hilfe konnte die Welt im Großen und im Kleinen nach und nach erforscht werden (▷ B 3, B4).

Veränderungen müssen bewiesen werden

Vorstellungen in den Naturwissenschaften gelten so lange als richtig, bis etwas anderes bewiesen wird. Ein einfaches Beispiel: Bis

---

ausbreiten
hier: von einem Ort zu einem anderen Ort kommen

Versuchsanordnung
Aufbau eines Versuchs

1–2 Genaues Beobachten

3 Erforschung der Welt im Großen

4 Erforschung der Welt im Kleinen

zum Mittelalter glaubten die Menschen, dass die Erde der Mittelpunkt des Weltraums sei. Die Erfindung des Fernrohrs und genaueres Beobachten änderten diese Vorstellung. Dadurch kam man zu der Erkenntnis, dass die Sonne das Zentrum unseres Sonnensystems ist. Der Planet Erde ist ein Teil davon. Mittlerweile wissen wir, dass es noch viele andere Sonnensysteme im Weltraum gibt.

Moderne Forschungsanlagen

Die Entwicklung moderner technischer Anlagen und großer Labore führt zu immer mehr naturwissenschaftlichen Erkenntnissen. Hier können zum Beispiel Dinge erforscht werden, die wir mit unseren bloßen Augen nicht sehen können. Fernrohre im Weltraum liefern uns Bilder von weit entfernten Sternen und Galaxien. Spezielle Mikroskope können Dinge im Kleinen darstellen, die ein normales Mikroskop nicht mehr erfassen kann. Die Menschen erhalten so eine Vorstellung von winzig kleinen Dingen.

Erkenntnisse verändern sich

Erkenntnisse in den Naturwissenschaften werden durch sorgfältiges Experimentieren und Auswerten der Versuche gewonnen. Sie gelten allerdings nur so lange als richtig, bis etwas anderes bewiesen wird. Naturwissenschaftliche Forschung bleibt also spannend. Ihre Ergebnisse können es nötig machen, dass einige Seiten der Schulbücher neu geschrieben werden müssen.

Aufgaben

1 Erkläre an einem einfachen Beispiel, wie du schon durch genaues Wahrnehmen zu Erkenntnissen kommen kannst.

2 Ulf sagt: „Ich kann die Notizen zu meinen Beobachtungen nicht mehr lesen. Dann denke ich mir halt neue aus." Bewerte sein Verhalten.

3 Erkläre, wie die Erfindung des Fernrohrs das Weltbild verändert hat.

4 Beschreibe, was bei der Planung und Durchführung eines Versuchs wichtig ist.

5 Du stehst an einem sonnigen Tag an einer Hausecke und siehst am Boden den Schatten einer Person. Deine Schlussfolgerung lautet: „Da kommt jemand." Beschreibe, welche Erkenntnisse du miteinander kombiniert hast.

6 Das Mikroskop erlaubt den Blick in die Welt des Kleinen. Recherchiere drei Beispiele für Entdeckungen mit dem Mikroskop (▶ S. 112).

1 WERKSTATT Magnetismus | Wirkung und Aufbau von Magneten

Ich kann die Eigenschaften von Magneten untersuchen und beschreiben.

Versuche mit Magneten

1 Magnetische Eigenschaften von Stoffen

Material
Magnet, verschiedene Prüfstücke (z. B. aus Eisen, Aluminium, Kupfer, Nickel, Messing, Kunststoff, Holz, Glas u. a.), verschiedene Cent-Münzen

Versuchsanleitung
a) Lies dir die Versuchsanleitung durch. Bereite eine Tabelle für die Beobachtungen bei den Versuchen b bis d vor.
b) Wähle fünf Prüfstücke aus verschiedenen Stoffen (▷ B 1). Versuche vorherzusagen, welche Stoffe von einem Magneten angezogen werden.
c) Überprüfe deine Vermutungen mit einem Magneten.
d) Untersuche, welche Cent-Münzen von einem Magneten angezogen werden.

Aufgabe
1. Recherchiere, woraus die Münzen bestehen (► S. 112).

1 Prüfstücke aus der Schule

2 Die Fernwirkung

Material
Eisenstab, 2 Rundhölzer (oder runde Stifte), Stabmagnet, Lineal

Versuchsanleitung
a) Lege den Eisenstab auf die beiden Rundhölzer (▷ B 2).
b) Nähere den Magneten dem Eisenstab. Notiere, ab welcher Entfernung der Eisenstab angezogen wird. Führe 5 Messungen durch.
c) Drehe den Magneten um und führe den Versuch erneut durch.

Aufgabe
1. Formuliere ein Versuchsergebnis.

4 Weiterleiten der Magnetkraft

Material
Magnet, mehrere kleine Nägel

Versuchsanleitung
a) Hänge einen Nagel an einen Magneten (▷ B 3).
b) Hänge an das Ende des Nagels einen weiteren Nagel und an diesen nochmals einen Nagel usw. Teste, wie viele Nägel du aneinanderreihen kannst.

2 Fernwirkung

3 Kann man die magnetische Wirkung abschirmen?

Material
Magnet, Eisennagel, Gegenstände aus verschiedenen Stoffen (z. B. Pappe, Holz, Aluminiumfolie, Eisenplatte)

Versuchsanleitung
Halte die verschiedenen Gegenstände zwischen Magnet und Nagel. Prüfe die Magnetwirkung.

Aufgabe
1. Notiere deine Beobachtungen.

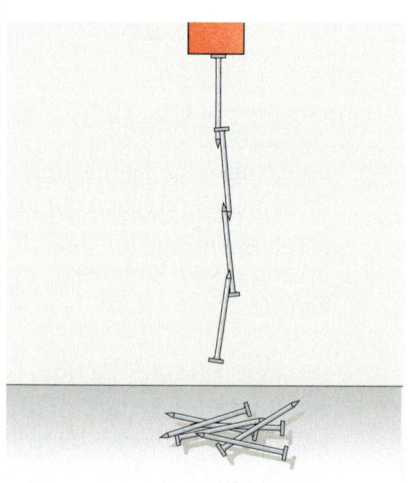

3 Weiterleiten der Magnetwirkung

Die magnetische Wirkung

pd4g3s

Magnete gibt es in unterschiedlichen Formen, Größen und Stärken (▷ B 1). Du findest Magnete überall im Alltag: beispielsweise an der Pinnwand, an Schranktüren, in Taschen-
⁵ verschlüssen oder als Magnet-Figur. Manchmal sind Magnete auch nicht auf den ersten Blick erkennbar. So befinden sich Magnete auch in Kopfhörern, in Lautsprechern und auf Geldkarten.

Die magnetische Anziehung
Du kannst einen Magneten nicht an einer bestimmten Farbe oder Form erkennen. Magnete sind an ihrer <u>Wirkung</u> erkennbar.
Du weißt, dass sich Magnete und andere
¹⁵ Gegenstände anziehen können. Die magnetische Anziehung tritt jedoch nicht bei allen Gegenständen auf. Entscheidend ist der Stoff (das Material) des Gegenstands.
Gegenstände, die Eisen enthalten, werden
²⁰ von einem Magneten angezogen. Außer Eisen haben auch noch die Stoffe Nickel und Cobalt diese Eigenschaft.
Stoffe, die von einem Magneten angezogen werden, nennt man **ferromagnetische**
²⁵ **Stoffe.**
Die meisten Metalle, wie z. B. Aluminium und Kupfer, sind nicht ferromagnetisch. Sie werden daher nicht von einem Magneten angezogen.

Magnetische Wirkung und Entfernung
³⁰ Eine magnetische Anziehung zwischen einem Magneten und z. B. einem Eisennagel lässt sich schon feststellen, bevor sich die beiden berühren. Je kleiner die Entfernung ist, desto stärker ist die magnetische
³⁵ Wirkung.

1 Magnete überall im Alltag

Kann man Magnete abschirmen?
Wenn du eine Glasscheibe zwischen einen Magneten und einen Eisennagel hältst, dann
⁴⁰ wird der Nagel trotzdem angezogen.
Ein Eisenblech <u>schirmt</u> dagegen die magnetische Kraft <u>ab</u>.
Die magnetische Wirkung kann durch ferromagnetische Stoffe abgeschirmt
⁴⁵ werden. Durch andere Stoffe wirkt die Magnetkraft hindurch.

Magnete und Gegenstände, die Eisen, Nickel oder Cobalt enthalten, ziehen sich gegenseitig an. Eisen, Nickel und Cobalt sind ferro-
⁵⁰ **magnetische Stoffe.**

Wirkung
Ergebnis, Resultat

schirmt ... ab
abschirmen, blockieren, nicht durchkommen lassen

Aufgaben

○ **1** Nenne Stoffe, die ein Magnet anzieht. (💡 S. 114)

◐ **2** Fasse die Eigenschaften von Magneten zusammen (► S. 109).

● **3** Begründe, warum die folgende Aussage nicht eindeutig ist: „Ein Magnet zieht Scheren an."

Die Magnetpole

Magnetpole im Doppelpack

Jeder Magnet hat zwei Bereiche, in denen die magnetische Kraft besonders groß ist. Diese Bereiche nennt man **Magnetpole**. Jeder Magnet hat einen magnetischen **Nordpol** und einen magnetischen **Südpol**.

Bei einem Stabmagneten befinden sich die Pole an seinen beiden Enden (▷ B 1). In der Mitte des Stabmagneten wirkt keine magnetische Kraft.

Auch ohne farbige Markierung kannst du herausfinden, welcher Pol der Nordpol und welcher der Südpol ist (▷ B 2). Wenn du einen Magneten an einem Faden frei aufhängst, dann <u>richtet sich</u> der Magnet immer gleich <u>aus</u>. Ein Magnetpol zeigt in die nördliche Himmelsrichtung. Dieser Pol des Magneten heißt deshalb Nordpol. Der andere Pol zeigt in südliche Himmelsrichtung. Das ist der Südpol. Du kannst also mit einem frei aufgehängten Magneten bestimmen, wo Norden ist. Die Kompassnadel ist ein kleiner Stabmagnet, der sich frei drehen kann. Sie richtet sich daher in Nord-Süd-Richtung aus (▷ B 2). Ganz gleich, wo du dich in Europa befindest: Die Pole der Magnetnadel drehen sich immer in Nord-Süd-Richtung.

Ein Kompass funktioniert genau nach diesem Prinzip. Mit einem Kompass kann man z. B. mitten auf dem Meer leicht feststellen, in welcher Richtung es nach Norden geht.

Die Magnete, die du in der Schule verwendest, sind oft farbig markiert. Die Nordpol-Seite ist meistens rot, die Südpol-Seite ist meistens grün lackiert.

Ein Magnet wird geteilt …

Wenn du einen Magneten teilst, dann wird jedes Teilstück wieder zu einem vollständigen Magneten mit einem Nord- und einem Südpol. Einen einzelnen Nordpol oder einen einzelnen Südpol kannst du nicht herstellen.

Die magnetischen Polgesetze

Zwischen zwei Magneten können anziehende und abstoßende Kräfte auftreten. Das hängt davon ab, welche Magnetpole sich gegenüberliegen: Bringt man zwei sogenannte gleichnamige Magnetpole (z. B. zwei

<u>richtet sich … aus</u>
sich ausrichten, sich in eine bestimmte Richtung bringen

1 Die Magnetpole eines Stabmagneten

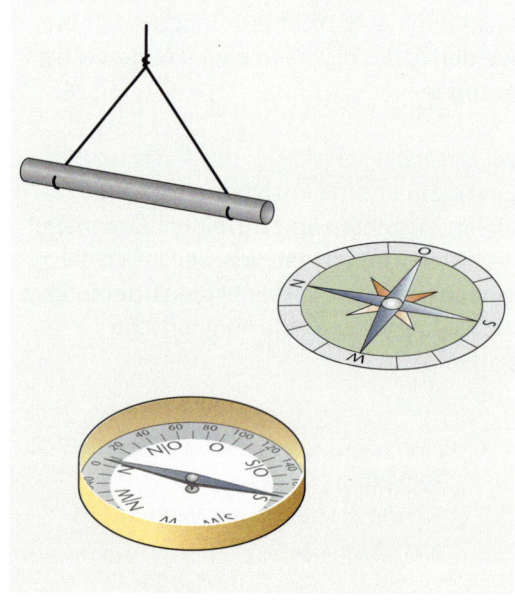

2 Drehbare Magnete zeigen in Nord-Süd-Richtung.

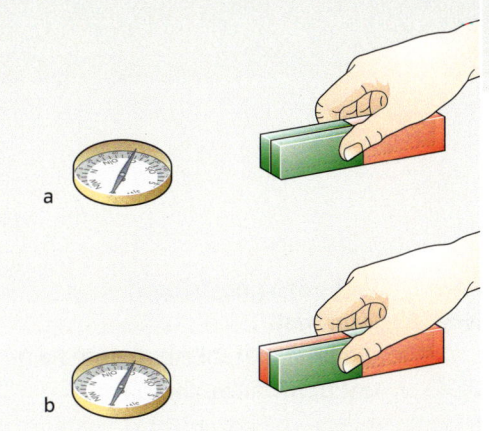

3 Wie wirken zwei Magnete zusammen?

4 Schwebende Magnete

Nordpole) zusammen, dann stoßen sie sich ab. Bei zwei ungleichnamigen Magnetpolen (Nordpol und Südpol) ist es anders: Sie ziehen sich an.
(▶ Wechselwirkung, S. 104/105)

Zusammenwirken von Magneten

Wenn du zwei Magnete zusammenlegst, kommt es nicht unbedingt zu einer stärkeren Magnetwirkung (▷ B 3). Das kannst du im Versuch 4 überprüfen.

Die magnetische Wirkung wird stärker, wenn zwei Magnete gleich ausgerichtet sind und gleiche Pole aneinander liegen. Liegen zwei ungleichnamige Pole zusammen, dann wird die magnetische Wirkung geschwächt.

Jeder Magnet hat einen Nordpol und einen Südpol. Zwischen zwei Magneten wirken magnetische Kräfte: Ungleichnamige Magnetpole ziehen sich an. Gleichnamige Magnetpole stoßen sich ab.

Aufgaben

1 Nenne die Pole eines Magneten. (S. 114)

2 Nenne die magnetischen Polgesetze. (S. 114)

3 Beschreibe, wo die Anziehungskraft eines Magneten am stärksten ist.

4 Erstelle aus dem Text ein
LS Quiz zu den Magnetpolen. Schreibe Fragen auf, die sich mit dem Text beantworten lassen.

5 Begründe, warum der Magnet im Bild 4 schwebt.

6 Zwei Stäbe sehen völlig gleich aus. Einer von beiden ist ein Stabmagnet. Der andere Stab ist aus Eisen. Finde ohne Hilfsmittel heraus, welcher Stab der Magnet ist.

Versuche

1 Halte einen Stabmagneten in eine Kiste mit Eisennägeln. Bestimme, wo die größte magnetische Kraft wirkt. Wo spürst du keine magnetische Wirkung? Verdeutliche deine Beobachtungen in einer Skizze.

2 Markiere eine Seite eines Magneten. Hänge den Magneten frei drehbar auf (▷ B 2). Beobachte, wie er sich ausrichtet. Stoße den Magneten an und beobachte erneut.

3 Nutze zwei farbig gekennzeichnete Stabmagnete. Untersuche, wie die Magnetpole der zwei Magnete aufeinander wirken. Fasse deine Beobachtungen zusammen.

4
a) Bringe einen Magneten in die Nähe einer Kompassnadel. Bestimme den Abstand, ab dem sich die Kompassnadel zu bewegen beginnt.
b) Untersuche, ob sich die magnetische Wirkung verändert, wenn zwei Magnete zusammenwirken. Prüfe die in Bild 3 gezeigten Fälle. Fasse deine Ergebnisse zusammen.

1 WERKSTATT Magnetismus | Wirkung und Aufbau von Magneten

Magnete herstellen

1 Einen Magneten herstellen
Material
Blumendraht aus Eisen, Zange, Stabmagnet, Kompass, Klebepunkt, Kupferdraht

Versuchsanleitung
a) Trenne vom Blumendraht mit der Zange ein etwa 20 cm langes Stück ab.
b) Magnetisiere das lange Drahtstück: Streiche mehrmals mit dem Nordpol des Stabmagneten in gleicher Richtung über den Draht (▷ B 2).
c) Finde mit dem Kompass heraus, wo sich die Magnetpole des magnetisierten Drahtes befinden. Markiere den Nordpol mit einem Klebepunkt.
d) Versuche, auf gleiche Weise einen Kupferdraht zu magnetisieren.

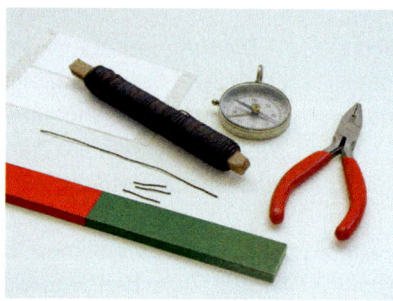

1 Material zu Versuch 1

2 Einen Magneten teilen
Material
Stabmagnet, Eisendraht (ca. 20 cm lang), Zange, Kompass

Versuchsanleitung
a) Magnetisiere den Eisendraht möglichst kräftig. Gehe so vor wie im Versuch 1.
b) Teile den magnetisierten Draht mit der Zange in der Mitte.
c) Überprüfe, ob beide Drahtstücke eine magnetische Wirkung zeigen.
d) Untersuche mit dem Kompass, ob jedes Drahtstück wieder ein vollständiger Magnet mit jeweils zwei Polen ist.
e) Teile eine Drahthälfte in mehrere kleine Stücke. Wiederhole den Versuchsteil d.

Aufgabe
1. Fasse deine Beobachtungen zusammen. Beantworte dabei folgende Frage: Gelingt es, nur Nordpole oder nur Südpole herzustellen?

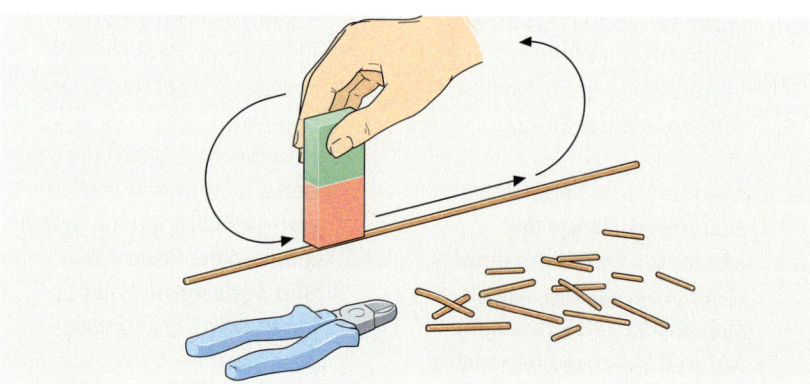

2 Magnetisieren eines Eisendrahts

3 Entmagnetisieren
Material
Stabmagnet, 2 Eisendrähte (jeder ca. 20 cm lang), Kompass

Versuchsanleitung
a) Magnetisiere zuerst den Eisendraht (▷ V 1). Prüfe die magnetische Wirkung des Drahts.
b) Entmagnetisiere nun den Draht: Bringe einen Magneten nah an den magnetisierten Eisendraht. Bewege den Magneten mehrfach ungeordnet in verschiedene Richtungen.
c) Überprüfe danach mit einem Kompass, ob der Draht noch magnetisiert ist.
d) Magnetisiere einen zweiten Eisendraht wie in Versuchsteil a.
e) Untersuche, wie du auch ohne Magneten den Draht entmagnetisieren kannst.

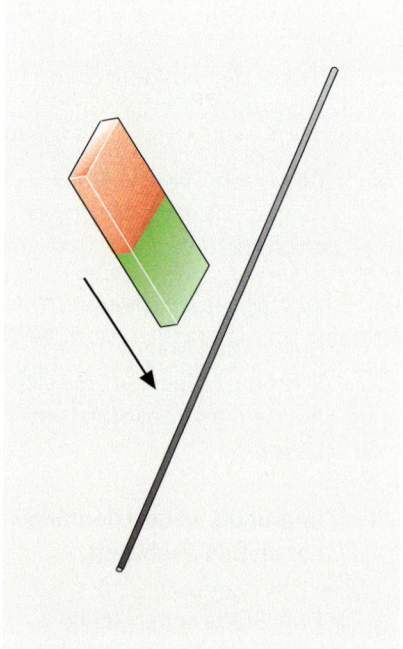

3 Der Draht wird entmagnetisiert.

Magnetisieren – Entmagnetisieren

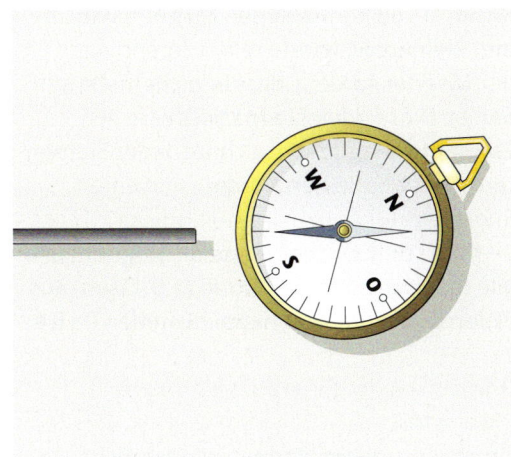

1 Ein Eisendraht lässt sich magnetisieren.

2 Karte mit Magnetstreifen

Magnetisieren
Mithilfe eines Magneten kannst du Gegenstände aus Eisen oder anderen ferromagnetischen Stoffen zu einem Magneten machen. Diesen Vorgang nennt man Magnetisieren.

Um beispielsweise einen Eisendraht zu magnetisieren, musst du mit einem Pol des Dauermagneten immer wieder in gleicher Richtung über den Draht streichen.

Der Eisendraht wird unter dem Einfluss des Magneten magnetisch. An den Enden des Drahts entstehen die Pole des neuen Magneten (▷ B 1).

Entmagnetisieren
Ein Magnet kann seine magnetischen Eigenschaften verlieren. Der Magnet wird entmagnetisiert. Das kann beispielsweise dann geschehen, wenn der Magnet starker Hitze oder Erschütterungen ausgesetzt wird. Auch unter dem Einfluss anderer starker Magnete kann ein Magnet entmagnetisiert werden.

Informationen auf Magnetstreifen
Magnetkarten werden in vielen Bereichen eingesetzt (▷ B 2). In Hotels dienen Magnetkarten als Zimmerschlüssel. Im Parkhaus wird die Parkzeit über eine Karte abgerechnet. Die Karten haben auf der Rückseite einen Magnetstreifen. Dieser enthält viele unterschiedlich magnetisierte Bereiche. Darauf sind die Informationen gespeichert. Achte darauf, dass du keine Magnete in die Nähe von solchen Karten bringst.

Gegenstände aus ferromagnetischen Stoffen können mit einem Magneten magnetisiert werden.

Vorgang
Ablauf, Prozess

Einfluss
Wirkung

Aufgaben

1 Beschreibe, was Magnetisieren und was Entmagnetisieren bedeutet. (💡 S. 114)

2 Dauermagnete können bei unsachgemäßer Behandlung ebenfalls Schaden nehmen. Erkläre, was du beim Umgang mit den Magneten in der Schule beachten musst.

3 Begründe, warum der kleine Magnetverschluss einer Tasche die Informationen auf einer Magnetkarte löschen kann.

1 Magnetismus | Wirkung und Aufbau von Magneten

pd4g3s

Das Modell der Elementarmagnete

Menschen erleben täglich viele Naturerscheinungen. Wissenschaftler beobachten nicht nur die Phänomene, sondern versuchen, die Naturerscheinungen zu verstehen und zu erklären. Unsere Umwelt ist allerdings sehr komplex. Die Wissenschaftler müssen sich daher auf die wichtigen Eigenschaften konzentrieren. Sie verwenden **Modelle**.

Was ist ein Modell?

Modelle stellen die Wirklichkeit vereinfacht dar. Dabei werden wichtige Eigenschaften hervorgehoben. Unwichtige Details können weggelassen werden.

Ein Modell kann ein nachgebauter Gegenstand sein. So ist beispielsweise der Globus ein verkleinertes Modell unserer Erde. Darauf sind Länder, Ozeane und Kontinente abgebildet.

Ein Modell kann aber auch eine gedankliche Vorstellung sein. Du kannst beispielsweise nicht in einen Magneten hineinsehen. Mithilfe des Modells der Elementarmagneten kannst du Beobachtungen erklären und magnetische Erscheinungen besser verstehen.

Elementarmagnete

Wenn du einen Magneten teilst, dann erhältst du zwei neue Magnete (▷ B 1).

Nimm an, du könntest den Magneten in immer kleinere Magnete teilen. Irgendwann ist der Magnet so klein, dass er nicht mehr teilbar ist. Dieser kleinste Magnet wird als **Elementarmagnet** bezeichnet. Jeder Elementarmagnet hat einen Nordpol und einen Südpol.

Man stellt sich vor, dass alle Magnete und alle magnetisierbaren Stoffe (z. B. Eisen) aus vielen Elementarmagneten bestehen (▷ B 4).

Unordnung im Eisen – Ordnung im Magneten

Ob ein Körper ein Magnet ist oder nicht, hängt von der Anordnung der vielen Elementarmagnete ab.

Das Bild 3 zeigt, wie man sich die Elementarmagnete in einem nicht magnetischen Eisenstück vorstellt. Die Elementarmagnete liegen völlig ungeordnet. Weil sie so durcheinander liegen, heben sich ihre magnetischen Wirkungen gegenseitig auf. Deshalb ist das Eisenstück kein Magnet.

In einem Dauermagneten sind die Elementarmagnete einheitlich in gleicher Richtung geordnet (▷ B 4). Alle Südpole weisen in die eine Richtung, alle Nordpole in die andere. Deshalb zeigt ein Magnet nach außen eine deutliche magnetische Wirkung.

Phänomen
Naturerscheinung, etwas, das man beobachten kann

komplex
aus vielen Teilen bestehend

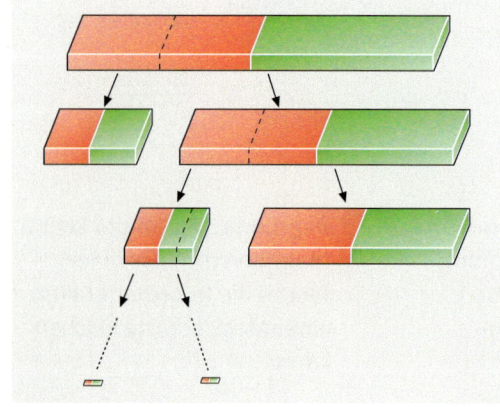

1 Magnete lassen sich teilen.

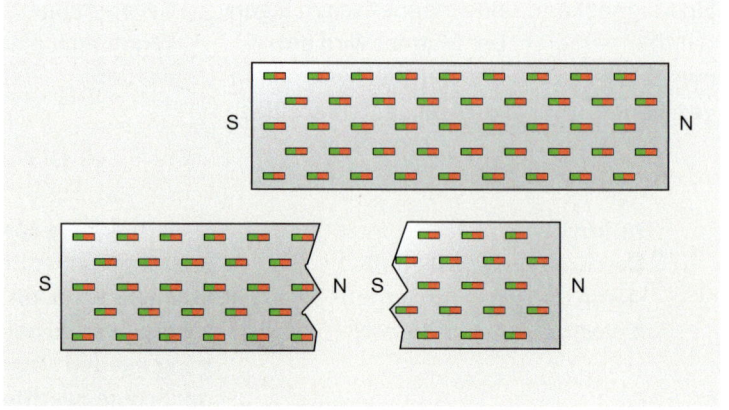

2 Magnetpole kommen immer paarweise vor.

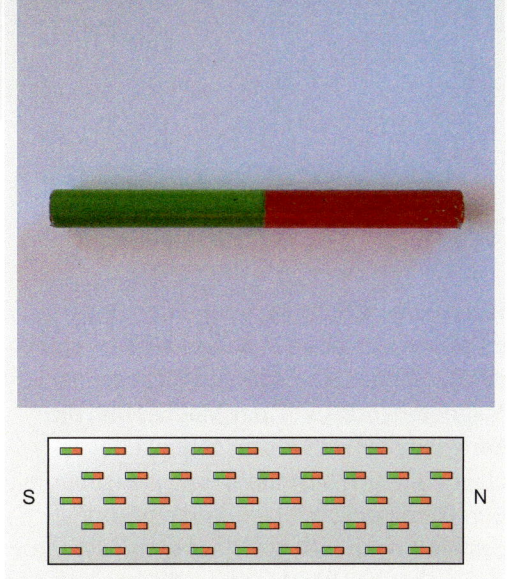

3 Elementarmagnete in einem nicht magnetisierten Eisenstab

4 Elementarmagnete in einem Magneten

Eisen wird magnetisiert

Wenn du mit einem Dauermagneten über ein Stück Eisen streichst, dann ordnen sich die Elementarmagnete in gleicher Richtung aus. Das Eisenstück wird magnetisiert.

Du kannst nun sicherlich erklären, was passiert, wenn man ein magnetisiertes Stück Eisen stark erschüttert: Die Elementarmagnete geraten wieder in Unordnung. Das Eisen verliert zunehmend seine magnetische Wirkung.

Einzelne Magnetpole gibt es nicht

Magnetpole treten immer paarweise auf. Mit dem Modell der Elementarmagnete kannst du erklären, warum auch ein geteilter Magnet immer einen Nordpol und einen Südpol hat. Das Bild 2 zeigt, dass die Ausrichtung der Elementarmagnete auch nach der Teilung erhalten bleibt. In jedem Teilstück zeigen weiterhin alle Nordpole in eine Richtung, alle Südpole in die andere. An der Bruchstelle bildet sich deshalb ein neuer Nordpol und ein neuer Südpol.

Magnete und magnetisierbare Stoffe bestehen aus Elementarmagneten. Elementarmagnete sind kleinste, nicht mehr teilbare Magnete.

In nicht magnetischen Körpern liegen die Elementarmagnete ungeordnet. In Magneten sind die Elementarmagnete geordnet.

paarweise
zu zweit

Bruchstelle
eine Stelle, an der etwas zerbrochen wurde

Aufgaben

1 Beschreibe, was ein Modell ist. (S. 114)

2 Beschreibe, wie die Elementarmagnete in einem Magneten angeordnet sind. (S. 114)

3 Ein Eisendraht wird magnetisiert.
a) Beschreibe, wie du dabei vorgehst. (S. 114)
b) Du schlägst mit einem Hammer auf den magnetisierten Draht. Er ist nun kein Magnet mehr. Erkläre dies mithilfe der Elementarmagnete.

4 Suche dir einen Textabschnitt aus. Schreibe ihn ab, baue aber einige Fehler ein. Gib den Text einer Mitschülerin oder einem Mitschüler. Sie oder er muss die Fehler finden und verbessern.

5 Ein Eisenstück wird sowohl vom Nordpol als auch vom Südpol eines Magneten angezogen. Erkläre dies mit dem Modell der Elementarmagnete.

6 Florian behauptet, dass er zu Hause einen besonderen Magneten hat, der nur aus einem Südpol besteht. Nimm Stellung zu Florians Aussage.

1 Magnetismus | Magnetfelder

pd4g3s

> Ich kann Magnetfelder sichtbar machen und kann beschreiben, wo sie vorkommen.

Das magnetische Feld

Wenn du eine Büroklammer einem Magneten von verschiedenen Seiten näherst, spürst du die magnetische Wirkung rings um den Magneten (▷ B 1, V 1). Der Magnet und die Büroklammer ziehen sich gegenseitig an, obwohl sie sich nicht berühren. Je weiter die Büroklammer vom Magneten entfernt ist, desto schwächer ist die Magnetkraft. Wenn du anstelle der Büroklammer Eisenspäne verwendest, dann kannst du die magnetische Wirkung in noch größeren Entfernungen nachweisen.

Das magnetische Feld
Jeder Magnet ist von einem **magnetischen Feld** umgeben. So bezeichnet man den Raum um Magnete, in dem die magnetischen Kräfte wirken (▷ B 1). Das magnetische Feld kannst du nicht sehen. Du erkennst es an seiner Wirkung auf andere Magnete oder auf Gegenstände, die ferromagnetische Stoffe enthalten.

Eisenspäne im Magnetfeld
Wenn du Eisenspäne in ein magnetisches Feld bringst, kannst du das magnetische Feld sichtbar machen (▷ B 2). Unter dem Einfluss der Magnetkraft richten sich die Eisenspäne im magnetischen Feld aus. Jeder Eisenspan wird magnetisiert und selbst zu einem kleinen Magneten. Die Eisenspäne ordnen sich hintereinander in Ketten an. Diese führen im Bogen von Pol zu Pol. Entlang dieser Linien wirkt die magnetische Kraft. Am dichtesten liegen die Eisenspäne im Bereich der Magnetpole. Dort ist die magnetische Kraft am größten.

Genauso wie die Eisenspäne richten sich auch kleine Magnetnadeln im Magnetfeld aus (▷ B 3). Sie zeigen an, in welche Richtung die Magnetkraft an einer bestimmten Stelle wirkt.

Magnetische Feldlinien
Wenn du die Ketten der Eisenspäne gedanklich nachzeichnest, erhältst du **magnetische Feldlinien**.

Magnetische Feldlinien sind ein Modell. Damit kann das magnetische Feld veranschaulicht werden. In einem Feldlinienbild werden viele magnetische Feldlinien gezeichnet (▷ B 4).

---

gegenseitig
Beide Dinge (Seiten) sind beteiligt.

Eisenspäne
sehr feine, dünne Stücke aus Eisen

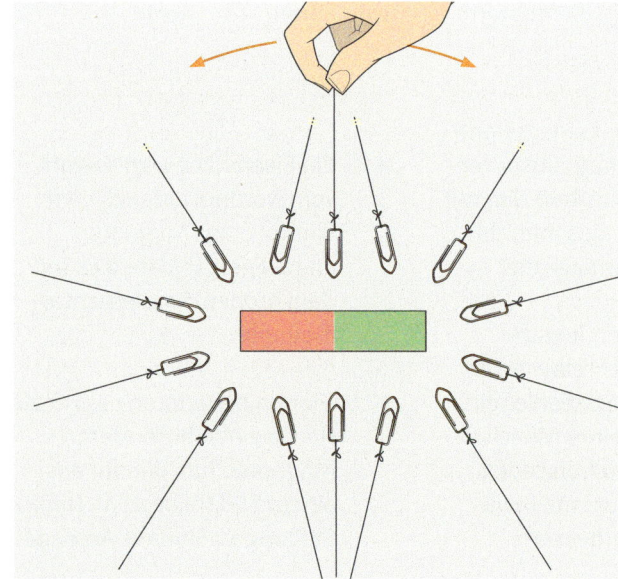

1 Jeder Magnet ist von einem Magnetfeld umgeben.

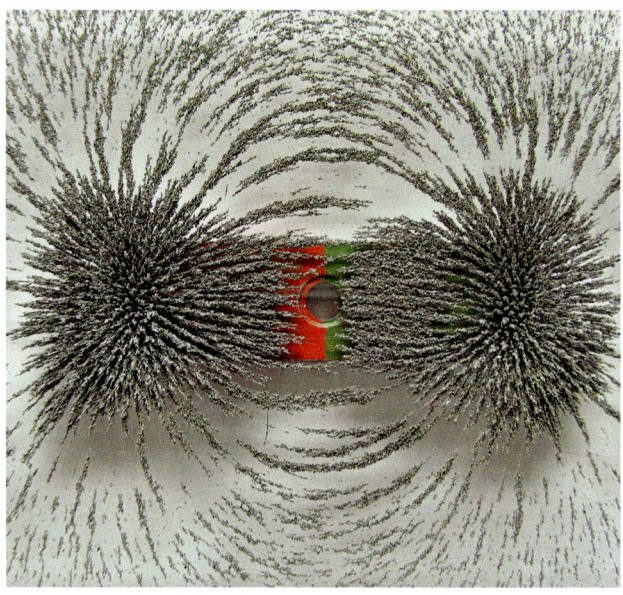

2 Eisenspäne im Magnetfeld

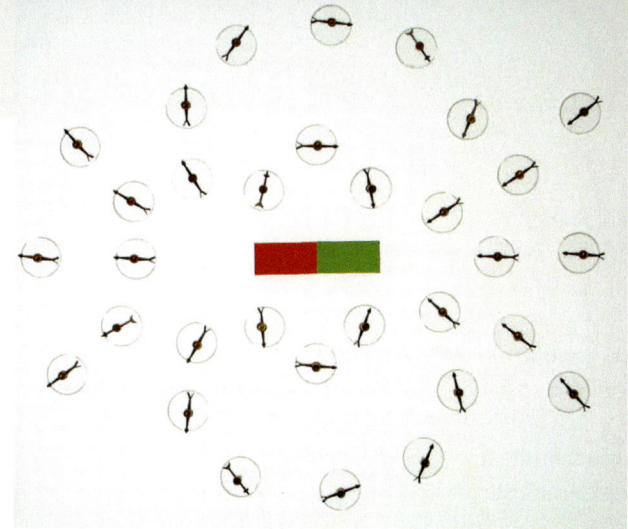

3 Magnetnadeln im Magnetfeld

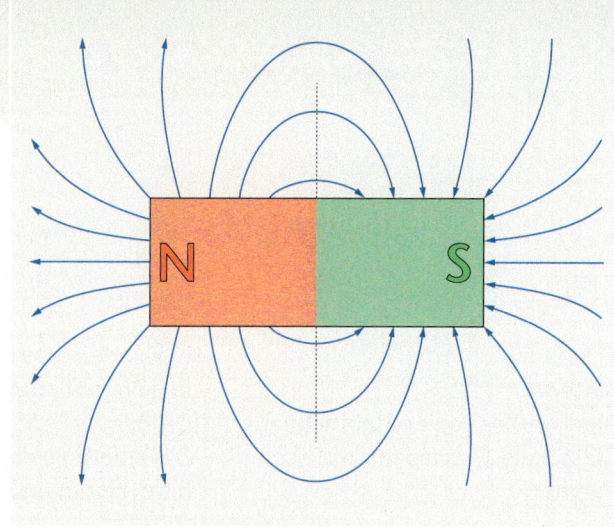

4 Feldlinienbild eines Stabmagneten

Feldlinienbild eines Stabmagneten

Die Bilder 2, 3 und 4 zeigen das Magnetfeld eines Stabmagneten. Die magnetischen Feldlinien verlaufen außen vom Nordpol zum Südpol. Du kannst jedoch nicht sehen, dass die Feldlinien im Inneren des Magneten weiterlaufen. Magnetische Feldlinien haben keinen Anfang und kein Ende. Sie sind geschlossene Linien. Sie schneiden sich nicht.

Am Verlauf der Feldlinien kannst du erkennen, welche Form das Magnetfeld hat. Die Feldlinien zeigen, in welche Richtung das Magnetfeld wirkt. Es wird auch deutlich, wo die magnetische Wirkung am stärksten ist. Je dichter die Feldlinien beieinander liegen, desto größer ist die Magnetkraft an dieser Stelle.

Jeder Magnet ist von einem magnetischen Feld umgeben. In diesem Raum wirken magnetische Kräfte. Magnetische Feldlinien veranschaulichen das magnetische Feld.

Aufgaben

1 Wie nennt man den Wirkungsbereich um einen Magneten? Nenne den Fachbegriff. (S. 114)

2 Beschreibe, woran man ein magnetisches Feld erkennt. (S. 114)

3
a) Vergleiche Bild 2 und Bild 3. Beschreibe die Gemeinsamkeiten.
b) Vergleiche nun Bild 3 und 4 und beschreibe die Gemeinsamkeiten.

4 Erkläre, was man unter magnetischen Feldlinien versteht. Gib ihre Eigenschaften an.

5 Analysiere und beschreibe, welche Informationen du dem Feldlinienbild im Bild 4 entnehmen kannst.

6 Wie stellst du dir das Feldlinienbild von zwei Magneten vor, die sich anziehen? Zeichne und beschreibe den Verlauf der Feldlinien.

Versuche

1 Untersuche mit einer Büroklammer, die an einem Faden befestigt ist, den Bereich um einen Magneten (▷ B 1).

2 Lege viele kleine Kompassnadeln um einen Stabmagneten (▷ B 3). Beschreibe, wie sich die Kompassnadeln ausrichten.

1 WERKSTATT Magnetismus | Magnetfelder

Magnetfelder erkunden

1 Eisenspäne im Magnetfeld
Material
Blatt weißes Papier, Stabmagnet, Glasschale, Eisenspäne, Hufeisenmagnet

Versuchsanleitung
a) Lege den Magneten auf das Papier.
b) Stelle die Schale vorsichtig auf den Magneten (▷ B 1).
c) Streue gleichmäßig einige Eisenspäne darüber.
d) Klopfe mit einem Stift mehrmals vorsichtig an die Glasschale und beobachte die Eisenspäne.
e) Skizziere das Feldlinienbild in dein Heft oder in deinen Ordner.
f) Wiederhole die Versuchsteile a bis e mit einem Hufeisenmagneten (▷ B 2).

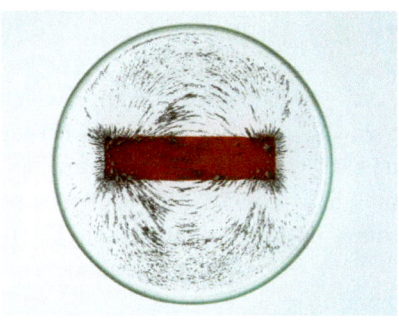

1 Magnetfeld eines Stabmagneten

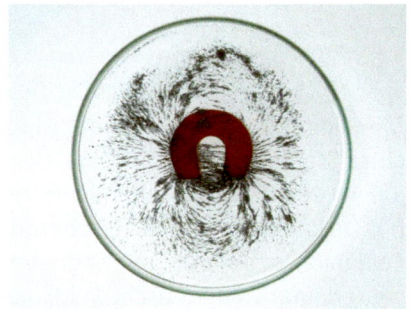

2 Magnetfeld eines Hufeisenmagnet

Aufgabe
1. Vergleiche beide Zeichnungen. Beschreibe Gemeinsamkeiten und Unterschiede.

2 Zwei Magnetfelder treffen sich
Material
2 Stabmagnete, farbige Klebepunkte, Blatt weißes Papier, Glasscheibe, Eisenspäne

Versuchsanleitung
a) Falls du einfarbige Magnete verwendest, musst du zuerst die Magnetpole markieren, z. B. mit roten und grünen Klebepunkten.
b) Lege zwei Stabmagnete mit den Nordpolen zueinander auf das Papier (Abstand ca. 5 cm).
c) Lege die Glasscheibe darüber.
d) Streue Eisenspäne darauf.
e) Klopfe mit einem Stift mehrmals vorsichtig an die Glasscheibe. Beobachte, wie sich die Eisenspäne ordnen.
f) Zeichne das Feldlinienbild ab.
g) Wiederhole die Versuchsteile b bis f für den Fall, wenn sich zwei ungleichnamige Pole gegenüberliegen.

Aufgabe
1. Versuche, die Magnetfeldmuster mithilfe der Polgesetze zu erklären.

3 Kunstwerke aus Eisenpulver
Material
2 Magnete beliebiger Form, 2 Bücher, Blatt weißes Papier, Eisenpulver, Kamera (z. B. Handy)

Versuchsanleitung
a) Setze die Magnete so auf den Tisch, dass sich die Pole gegenüberliegen.
b) Lege über die Magnete ein Blatt Papier, das an jeder Seite durch ein Buch gestützt wird (▷ B 3).
c) Streue Eisenpulver darüber.
d) Wiederhole die Versuchsteile a bis c mit verschiedenen Magnetformen und Anordnungen.
e) Fotografiere das schönste Bild.

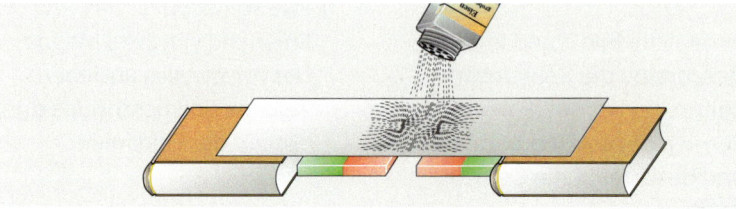

3 Zu Versuch 3

Magnetfelder treffen sich

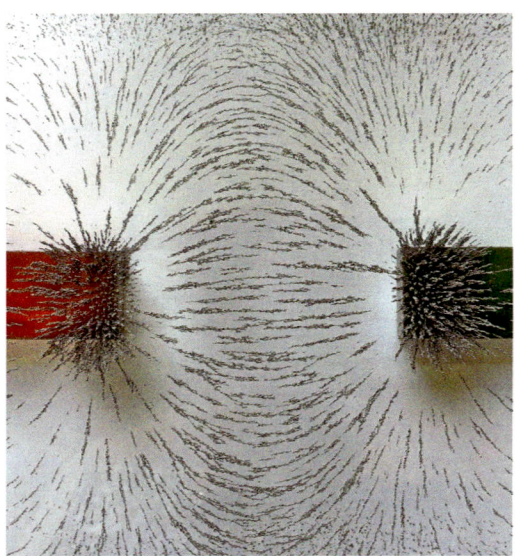

1 Magnetfeld zweier ungleichnamiger Pole

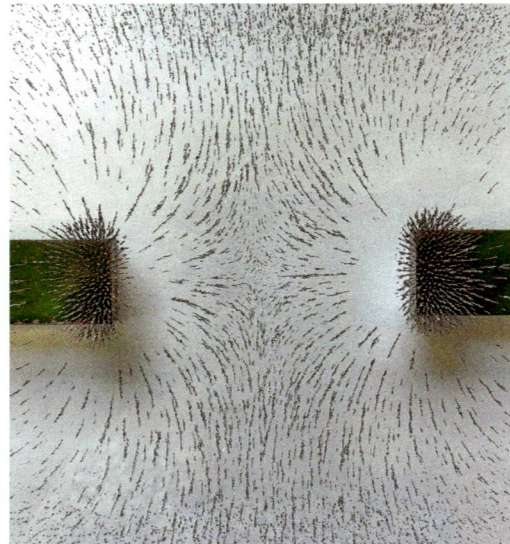

2 Magnetfeld zweier gleichnamiger Pole

Zwei Magnete können sich gegenseitig anziehen oder abstoßen. Dieses Verhalten von Magneten erkennt man auch am Magnetfeld.

Das Magnetfeld von zwei ungleichnamigen Polen

Im Bild 1 liegen sich der Nordpol des einen Magneten und der Südpol des zweiten Magneten gegenüber. Die beiden Magnete ziehen sich an.

Wenn du über die zwei Magnete Eisenspäne streust, dann siehst du die Feldlinien der beiden Magnete. Du erkennst auch gut die Struktur des gemeinsamen Magnetfeldes: Viele Feldlinien verlaufen vom Nordpol des linken Magneten zum Südpol des rechten Magneten. Die Stellen mit dicht aneinanderliegenden Feldlinien zeigen an, wo die Magnetkraft besonders stark ist.

Das Magnetfeld von zwei gleichnamigen Polen

Im Bild 2 liegen sich dagegen zwei gleichnamige Magnetpole gegenüber. Sie stoßen sich ab. Mithilfe der Eisenspäne kannst du auch hier die Feldlinien sichtbar machen. Bei diesem Feldlinienbild verlaufen die Feldlinien des einen Magneten nicht zu dem anderen Magneten. Im Gegenteil, die Feldlinien der beiden Magnete weichen sich aus. Daran kannst du erkennen, dass sich die beiden Magnete abstoßen.

Manche Feldlinien scheinen mitten im Raum zu enden. Doch sie verlaufen weiter zum anderen Magnetpol. Die Magnetkraft ist in diesem Fall nur zu schwach, um die Eisenspäne zu ordnen und die Feldlinien sichtbar zu machen.

Aufgaben

- **1** Begründe, warum man Eisenspäne benutzen muss, um Feldlinienbilder sichtbar machen zu können.
- **2** Beschreibe, was man alles an einem Feldlinienbild erkennt.
- **3** Vergleiche und erkläre die Bilder 1 und 2.

1 INFOGRAFIK Magnetismus | Magnetfelder

Das Magnetfeld der Erde

Unsere Erde ist ein riesiger Magnet. Das Magnetfeld der Erde ist wichtig für uns. Es dient z. B. zur Orientierung mit dem Kompass.

Geographischer Nordpol
Der geographische Nordpol liegt im Nordpolarmeer.

Magnetischer Südpol
Der magnetische Südpol der Erde ist einige Hundert Kilometer vom geographischen Nordpol entfernt.

Die Erdachse
Die Erde dreht sich in 24 Stunden einmal um ihre eigene Achse. Die geographischen Pole befinden sich dort, wo diese gedachte Achse an der Erdoberfläche austritt.

Geographischer Südpol
Der geographische Südpol befindet sich auf der Südhalbkugel der Erde in der Antarktis.

Ⓐ Erdmagnetfeld

Unsere Erde ist ein Magnet. Deshalb hat die Erde genauso wie jeder andere Magnet zwei magnetische Pole und ein Magnetfeld. Es besteht rings um die Erde und reicht weit in den Weltraum hinaus.

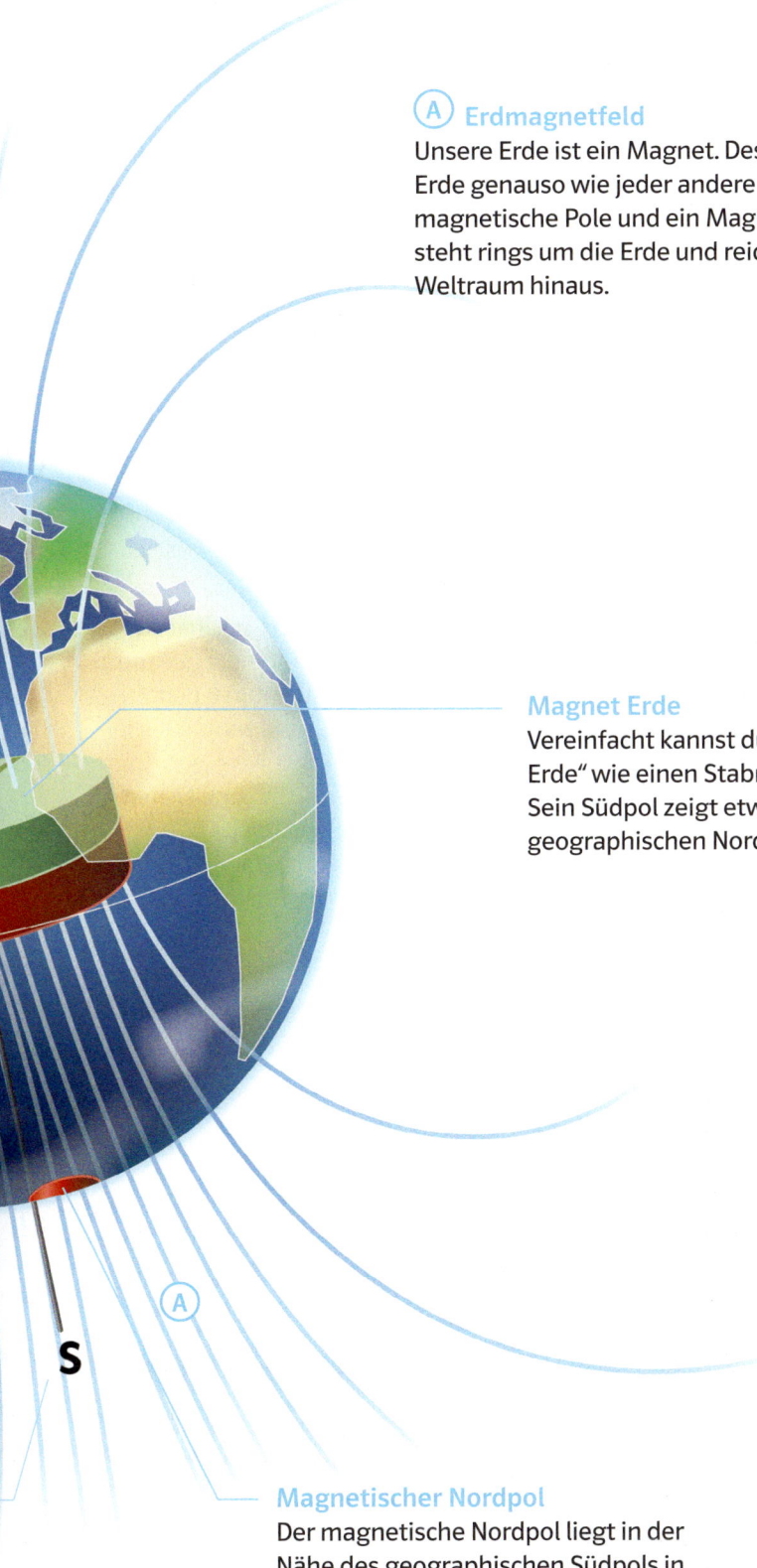

Magnet Erde

Vereinfacht kannst du dir den „Magneten Erde" wie einen Stabmagneten vorstellen. Sein Südpol zeigt etwa in Richtung des geographischen Nordpols.

Die Erde ist von einem Magnetfeld umgeben. Der magnetische Nordpol liegt auf der Südhalbkugel der Erde. Der magnetische Südpol liegt auf der Nordhalbkugel.

Magnetischer Nordpol

Der magnetische Nordpol liegt in der Nähe des geographischen Südpols in der Antarktis.

Aufgaben

1 Ordne die folgenden Begriffe der Nordhalbkugel oder der Südhalbkugel zu: magnetischer Nordpol – geographischer Nordpol – magnetischer Südpol – geographischer Südpol. (💡 S. 114)

2 Beschreibe, wodurch eine Kompassnadel ausgerichtet wird.

3 Betrachte das Bild auf dieser Seite und lies die Textabschnitte dazu. Schreibe dann einen Aufsatz zum Thema „Die Erde ist ein Magnet".

1 EXTRA Magnetismus | Magnetfelder

pd4g3s

Ursache des Erdmagnetismus

Woher kommt das Magnetfeld der Erde?
Des Rätsels Lösung liegt im Aufbau der Erde. Erst innerhalb der letzten hundert Jahre wurde geklärt, wie das Erdinnere aussieht. Im Wesentlichen besteht unsere Erde aus der äußeren Erdkruste, dem Erdmantel und dem Erdkern (▷ B 1).

Im Erdkern gibt es zwei unterschiedliche Schichten: Der äußere Erdkern besteht hauptsächlich aus flüssigem, heißem Eisengestein. Es umfließt mit einer Geschwindigkeit von etwa 20 km pro Jahr den inneren Erdkern. Der innere Erdkern ist fest und besteht vor allem aus Eisen und Nickel. Die Strömung wird durch den Temperaturunterschied zwischen dem Erdkern und dem Erdmantel aufrechterhalten.

Das Magnetfeld der Erde wird durch diese riesigen Ströme des flüssigen Eisens im äußeren Erdkern erzeugt.

Steine können erzählen
Durch Untersuchungen der Gesteine erfahren Forscher viel über die Erdgeschichte. Manche Gesteine, die vor Millionen Jahren entstanden sind, haben die Richtung und die Stärke des Erdmagnetfelds jener Zeit gewissermaßen „gespeichert".

Ein Beispiel: Damals haben sich magnetische Mineralien in flüssiger Lava ausgerichtet. Die Lava erstarrte, und damit erstarrte auch die Ausrichtung der magnetischen Mineralien. Wenn Wissenschaftler dieses Lavagestein heute untersuchen, können sie daraus ableiten, wie das Magnetfeld damals aussah.

Die Magnetpole der Erde wandern
Die Stärke des magnetischen Felds hat sich im Laufe der Erdgeschichte ständig geändert. Das konnten Wissenschaftler durch den Vergleich von Gesteinsproben unterschiedlichen Alters feststellen.

Auch die Pole bleiben nicht am gleichen Ort. Sie „wandern" über die Erde (▷ B 2). Hast du gewusst, dass sich der magnetische Südpol schon einmal mitten im Atlantischen Ozean befand?

---

aufrechterhalten dafür sorgen, dass etwas weitergeht

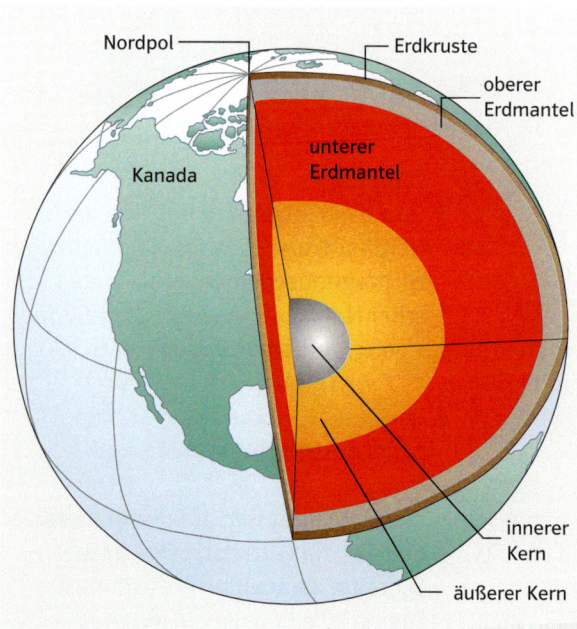

1 Innerer Aufbau der Erde

2 Der magnetische Südpol auf Wanderschaft

3 Polarlichter

Das Magnetfeld hat sich innerhalb von Millionen Jahren sogar mehrmals vollständig umgepolt. Die letzte Umpolung liegt etwa 750 000 Jahre zurück.

Wissenschaftler in Geoforschungszentren beobachten ständig die Veränderung der Magnetpole und des Erdmagnetfelds. Beobachtungen der letzten 150 Jahre zeigen, dass das Magnetfeld wieder schwächer wird.

Sonnenwind und Polarlichter

Das Magnetfeld der Erde kann auch für uns sichtbar werden: In den Polargebieten kann man häufig sogenannte Polarlichter beobachten (▷ B 3).

Die Polarlichter entstehen folgendermaßen: Die Sonne schleudert eine riesige Anzahl an Teilchen in Richtung Erde. Dieser Teilchenstrom wird Sonnenwind genannt. Vor dem Sonnenwind schützt uns das Magnetfeld der Erde. Es lenkt die Teilchen zu den magnetischen Polen der Erde. Wenn dort die Teilchen des Sonnenwinds mit Luftteilchen zusammenstoßen, regen sie diese zum Leuchten an. Dies sehen wir dann als Polarlichter.

Die Polarlichter kann man meistens nur in den Polargebieten beobachten. Wenn die Sonne aber sehr aktiv ist, dann sind Polarlichter manchmal auch bei uns möglich.

Umpolung Polwechsel, Wechsel von Nordpol und Südpol

Aufgaben

1 Beschreibe mithilfe von Bild 1 den Aufbau der Erde.

2 Erkläre kurz, warum die Erde ein Magnet ist.

3 Erläutere, woran man feststellen kann, dass sich die Stärke des Erdmagnetfelds im Laufe der Erdgeschichte geändert hat.

4 Jan sagt: „Das Magnetfeld der Erde ist ein Schutzschild vor der Sonne." Beurteile, ob er recht hat.

5 Erstelle ein Quiz zum Thema „Magnetfeld der Erde".

6 Miss aus und berechne, um wie viele Kilometer der magnetische Südpol in den letzten 100 Jahren gewandert ist.

1 MATERIAL Magnetismus | Magnetfelder

pd4g3s

Material 1

Orientierung am Erdmagnetfeld

Der Kompass

Mit einem Kompass kannst du bei Tag und Nacht und auch bei schlechtem Wetter die Himmelsrichtung bestimmen.

Ein Kompass besteht aus einer Kompassnadel, einer Kompassrose und einem Gehäuse. Die Kompassnadel ist leicht drehbar gelagert. Sie richtet sich nach dem Magnetfeld der Erde aus. Die Nordspitze der Kompassnadel zeigt in die nördliche Himmelsrichtung. Auf der Kompassrose kannst du die Himmelsrichtungen ablesen. Das Gehäuse hält und schützt die Kompassnadel und Kompassrose.

Die Kompass-App

Mit einer Kompass-App auf deinem Handy kannst du ebenfalls die Himmelsrichtungen bestimmen. Die Kompass-App benötigt keinen Zugang zu einem Mobilfunknetz.

Ein Handy enthält viele Sensoren. Dazu gehört auch ein Magnetfeld-Sensor. Dieser Sensor ermittelt die Polung des Magnetfelds der Erde. Daraus bestimmt die Kompass-App die Himmelsrichtungen. Häufig wird auf dem Bildschirm eine virtuelle Kompassnadel angezeigt, die die reale Kompassnadel darstellen soll. Weitere Sensoren erhöhen die Genauigkeit der Anzeige.

Material 2

So bestimmst du die Himmelsrichtung mit dem Kompass

Halte den Kompass waagerecht in der Hand. Lass die Magnetnadel zur Ruhe kommen. Drehe dich mit dem Kompass so, bis die Nordspitze der Kompassnadel über der Nord-Markierung der Kompassrose liegt. Lies die Himmelsrichtung ab.
Achte darauf, dass sich kein magnetisches Material in der Nähe des Kompasses befindet.

Material 3

 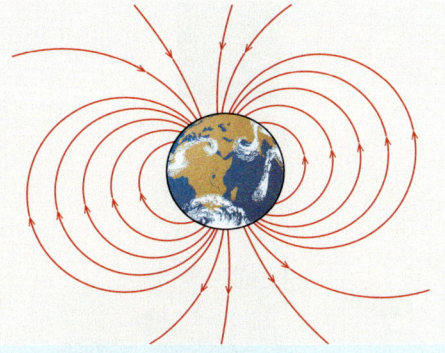

Rotkehlchen orientieren sich am Magnetfeld der Erde

Das Rotkehlchen ist ein auffälliger Vogel. Man kann es gut an seiner intensiv rot-orange gefärbten Brust erkennen.
Bei uns in Deutschland lebt das Rotkehlchen über das ganze Jahr. Du kannst die kleinen Vögel z. B. in Parks und in Gärten beobachten. Sie ernähren sich von Insekten, reifen Beeren und Früchten.
Im Herbst wird die Nahrung knapper und die Temperaturen sinken. Die Rotkehlchen, die in Nordeuropa wie z. B. Skandinavien leben, fliegen jetzt in die warmen, südlichen Länder. Doch wie finden die Vögel den langen Weg zum gewünschten Ziel?
Zur Orientierung benutzen die Rotkehlchen gleichzeitig ihre verschiedenen Sinne. Mit den Augen erkennen sie die Richtung zur Sonne.
Zusätzlich gebrauchen sie einen Sinn, den die Menschen nicht kennen: den „Magnetsinn". Mit diesem Sinn nehmen sie die Feldlinien des Erdmagnetfelds wahr. Junge Rotkehlchen müssen diese Fähigkeit erst erlernen.
An verschiedenen Orten der Erde treten die Feldlinien in unterschiedlicher Richtung aus der Erdoberfläche aus. Rotkehlchen können die Richtung der Feldlinien bestimmen und dadurch Norden und Süden herausfinden. So bestimmen sie auch bei bedecktem Himmel ihre Flugrichtung zum Ziel.
Im Frühjahr fliegen Rotkehlchen, die in warmen, südlichen Ländern überwintert haben, zum Brüten und zur Aufzucht ihrer Jungen wieder zurück.

Aufgaben

1 Lies Material 1.
a) Nenne die Teile, aus denen ein Kompass besteht. (💡 S. 115)
b) Finde das Bauteil eines Kompasses heraus, das im Text erwähnt ist, aber in der Zeichnung nicht beschriftet ist. Beschreibe die Aufgabe dieses Bauteils.
c) Begründe, warum du dich bei der Orientierung nicht immer auf dein Handy verlassen kannst.

2 Lies Material 2.
a) Beschreibe, wie du dich mit einem Kompasss orientieren kannst.
b) Begründe, warum kein magnetisches Material in der Nähe des Kompasses sein darf.

3 Lies Material 3.
a) Begründe, warum viele Rotkehlchen im Winter in südlichere Länder fliegen.
b) Erkläre, warum die Rotkehlchen ihre Flugrichtung auch dann finden, wenn die Sonne nicht scheint.
c) Wissenschaftler sprechen davon, dass manche Tiere einen „inneren Kompass" besitzen. Vermute, was damit gemeint sein könnte.

1 ZUSAMMENFASSUNG Magnetismus

1 Magnetische Wirkung bei Münzen

Eigenschaften von Magneten

Zwischen einem Magneten und Gegenständen, die Eisen, Nickel oder Cobalt enthalten, wirken magnetische Kräfte (▷ B 1). Eisen, Nickel und Cobalt sind ferromagnetische Stoffe. Sie können magnetisiert werden, wenn sie in die Nähe eines Dauermagneten kommen. Durch Erhitzen oder starke Erschütterung kann ein Magnet entmagnetisiert werden.

Magnetpole

Jeder Magnet hat einen Nordpol und einen Südpol. Im Bereich der Pole ist die Magnetkraft am größten. Magnetpole treten immer paarweise auf.

Zwischen Magneten können anziehende und abstoßende Kräfte auftreten: Ungleichnamige Magnetpole ziehen sich an. Gleichnamige Pole stoßen sich ab.

Das magnetische Feld

Jeder Magnet ist von einem magnetischen Feld umgeben. In diesem Raum wirken magnetische Kräfte (▷ B 2).

Magnetfelder können mithilfe von magnetischen Feldlinien veranschaulicht werden. Magnetische Feldlinien sind ein Modell. Magnetische Feldlinien sind geschlossene Linien und schneiden sich nicht. Sie verdeutlichen die Richtung und die Stärke der Magnetkraft im Feld.

Modell der Elementarmagnete

Alle Magnete und magnetisierbaren Stoffe bestehen aus Elementarmagneten. Elementarmagnete sind kleinste, nicht mehr teilbare Magnete.

In einem Magneten oder einem magnetisierten Körper sind die Elementarmagnete alle in der gleichen Richtung angeordnet. In einem nicht magnetisierten Gegenstand liegen die Elementarmagnete ungeordnet (▷ B 3).

Das Magnetfeld der Erde

Die Erde hat ein Magnetfeld. Der magnetische Nordpol des Erdmagneten befindet sich auf der Südhalbkugel, der magnetische Südpol auf der Nordhalbkugel der Erde.

Die Magnetnadel im Kompass richtet sich unter dem Einfluss des Magnetfeldes der Erde aus. Der Nordpol der Kompassnadel zeigt zum magnetischen Südpol der Erde.

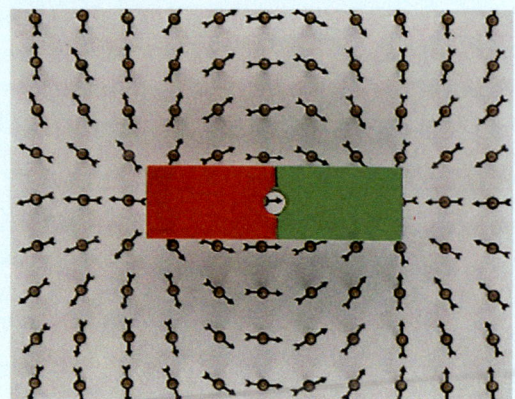

2 Kompassnadeln richten sich im Magnetfeld aus.

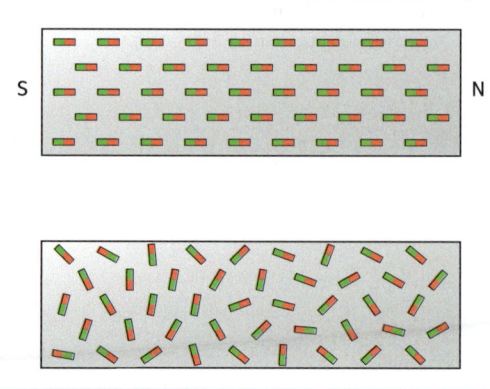

3 Magnetischer und unmagnetischer Eisenstab

Magnetismus TESTE DICH SELBST 1

1 Kompass zur Orientierung und Navigation

1 Beschreibe, was man unter ferromagnetischen Stoffen versteht. Gib zwei Beispiele an.
► S. 13

2
a) Benenne die Pole eines Magneten.
b) Gib an, woran man den Pol eines Magneten erkennt.
► S. 14/15

3 Beschreibe, was geschieht, wenn du …
a) die Südpole von zwei Magneten einander näherst (▷ B 2, oben).
b) einen Nordpol dem Südpol eines anderen Magneten näherst (▷ B 2, unten).
► S. 14/15

4 Gib an, in welche Richtung eine Kompassnadel zeigt.
► S. 28/29

5 Erläutere das Modell der Elementarmagnete.
► S. 18/19

6 Erkläre, wie man feststellen kann, dass ein Magnet von einem magnetischen Feld umgeben ist.
► S. 20/21

7 Skizziere das Magnetfeld um einen Stabmagneten. Beschreibe deine Zeichnung.
► S. 20/21

8 Skizziere das Magnetfeld der Erde. Zeichne die geographischen Pole ein. Zeichne dann die magnetischen Pole ein.
► S. 24/25

9 Begründe, warum es nicht möglich ist, einen einzelnen Nordpol oder einen einzelnen Südpol herzustellen.
► S. 18/19

10 Bei einem Stabmagneten ist die Farbe völlig abgeblättert. Die Pole sind nicht erkennbar. Du hast keine weiteren Magnete zur Verfügung. Erkläre, wie du die Magnetpole findest.
► S. 24/25

11 Begründe, warum es kein Widerspruch ist, dass der Nordpol der Kompassnadel nach Norden zeigt.
► S. 24/25

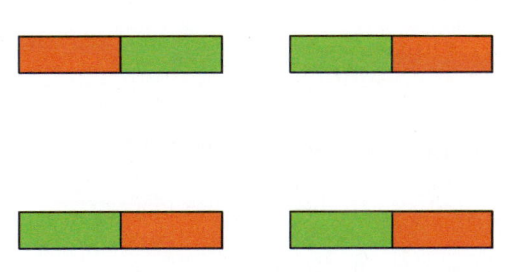

2 Zu Aufgabe 3

► Lösungen auf der Seite 118

2 Optik

Bei Windstille kann man im Wasser Spiegelbilder erkennen. Wie entstehen eigentlich Spiegelbilder?

Warum brauchen einige Menschen eine Brille?

Beschreibe in einem Text, in welchen Situationen du einen Spiegel brauchst und wie du dir ohne Spiegel helfen kannst.

Wieso werde ich in der Dunkelheit mit Reflektoren besser gesehen?

Wie entstehen die Mondphasen?

2 Optik | Licht und Schatten

> Ich kann beschreiben, wie sich das Licht ausbreitet.

5yu4ye

Von der Lichtquelle zum Auge

1 Die Sonne – unsere wichtigste Energiequelle

schlechte Wetterverhältnisse
z. B. Himmel voller dunkler Wolken, wenig Sonnenlicht

Vollmondnacht
Nacht, in der der Mond als Vollmond (volle Scheibe) zu sehen ist

Lichtquellen – selbstleuchtende Körper
Tagsüber ist die Sonne unsere wichtigste **Lichtquelle**. Sie spendet so viel Helligkeit, dass wir meistens keine andere Lichtquelle benötigen.

Doch bei schlechten Wetterverhältnissen und abends benutzen wir andere Lichtquellen: Du schaltest zum Beispiel die elektrische Beleuchtung an. Andere Leute benutzen eine Kerzenflamme. Es gibt viele solcher Lichtquellen. Solche Lichtquellen haben gemeinsam, dass sie das Licht selbst erzeugen. Man bezeichnet sie deshalb als **selbstleuchtende Körper**.

Lichtquellen – beleuchtete Körper
In Vollmondnächten reicht das Licht des Mondes aus, um draußen die Umgebung zu sehen und vielleicht sogar zu lesen. Der Mond ist für uns eine Lichtquelle. Doch der Mond erzeugt kein eigenes Licht wie die Sonne. Er ist kein selbstleuchtender Körper. Der Mond wird von der Sonne bestrahlt und wirft ihr Licht zurück. Man sagt: Der Mond reflektiert das Sonnenlicht. Ein Teil des Lichts gelangt zur Erde. Der Mond ist ein **beleuchteter Körper**. Beleuchtete Körper sind Lichtquellen.

Fast alle Gegenstände in unserer Umgebung sind beleuchtete Körper: Wir können diese Gegenstände nur sehen, wenn sie das Licht einer Lichtquelle reflektieren und wenn das Licht dann in unser Auge gelangt.

Sender und Empfänger
Die Begriffe Sender und Empfänger kennst du vermutlich vom Versenden von Briefen, E-Mails oder Handy-Nachrichten.

2 Licht breitet sich in alle Richtungen aus.

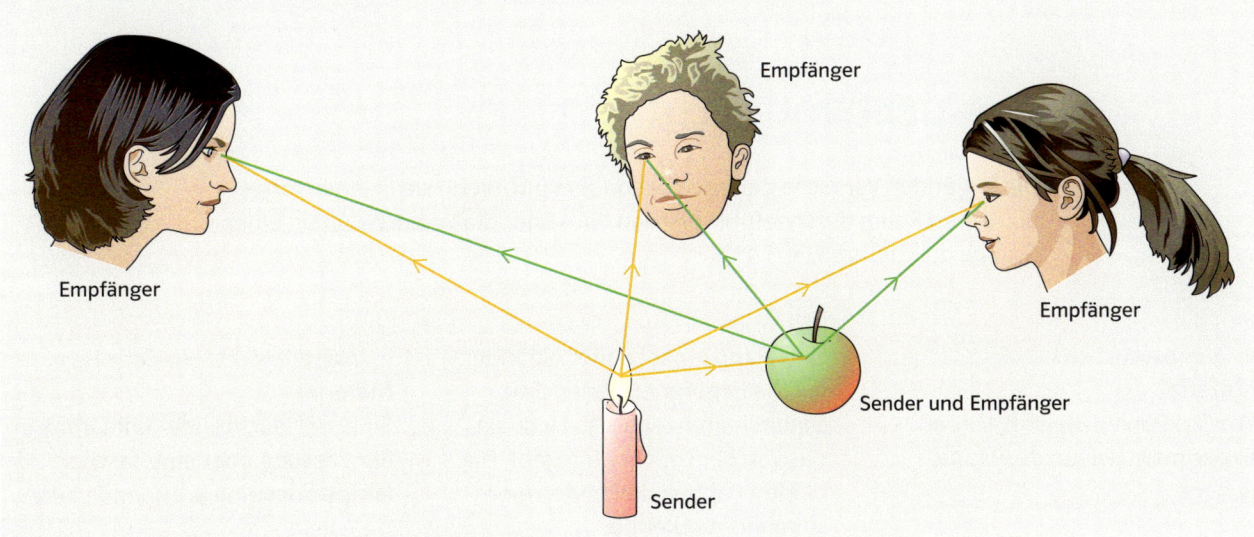

3 Sender und Empfänger

Sender des Lichts

Lichtquellen **senden** Licht in alle Richtungen aus. Das gilt sowohl für selbstleuchtende als auch für beleuchtete Körper (▷ B 2). Die Kerzenflamme (selbstleuchtend) ist deshalb von jedem Ort im Raum zu sehen.

Du kannst auch den beleuchteten Apfel und den beleuchteten Tisch sehen. Sie senden das Licht der Kerze weiter. Man sagt: Sie reflektieren das Licht der Kerze. Die Lichtquellen sind also die **Sender** des Lichts.

Empfänger des Lichts

Unsere Augen sind die **Empfänger** des Lichts. Wir können Körper jedoch nur sehen, wenn zwischen dem Gegenstand und unseren Augen kein Hindernis steht.

Der beleuchtete Apfel ist sowohl Sender als auch Empfänger (▷ B 3).

Selbstleuchtende Körper erzeugen selbst Licht und senden dieses Licht aus. Beleuchtete Körper erzeugen kein eigenes Licht. Sie werfen das Licht anderer Lichtquellen zurück. Unsere Augen empfangen das Licht.

Aufgaben

1 Beschreibe an den Beispielen Sonne und Mond den Unterschied zwischen selbstleuchtenden und beleuchteten Körpern. (💡 S. 114)

2 Eine Lampe sendet Licht aus. Dieses Licht beleuchtet die Seite eines Buchs. Das Buch wird von Daniel gelesen. Ordne die folgenden Begriffe richtig zu: Sender, Empfänger, selbstleuchtender Körper und beleuchteter Körper. (💡 S. 114)

3 Ordne folgende Gegenstände nach selbstleuchtenden und beleuchteten Körpern: Kerzenflamme, Sonne, Apfel, Streichholzflamme, Mond, Wolken, Lagerfeuer, Taschenlampe ohne Batterien, eingeschalteter Computermonitor.

4 Beschreibe Bild 3 in einem eigenen Text. Benutze alle fett gedruckten Fachbegriffe von dieser Seite.

5 Plane einen einfachen Versuch, mit dem du Folgendes zeigen kannst: Man kann Körper nur dann sehen, wenn das Licht direkt in unser Auge gelangt. Skizziere den Versuch.

6 Faisal sagt: „Unser Fernsehgerät ist manchmal ein selbstleuchtender Körper. Aber oft ist er nur ein beleuchteter Körper." Nimm Stellung zu Faisals Aussage.

2 WERKSTATT Optik | Licht und Schatten

Versuche mit Licht

Die folgenden Versuche gelingen besonders gut, wenn sie in einem abgedunkelten Raum durchgeführt werden. Ihr könnt die Versuche gut in einer Gruppe durchführen (► S. 112).

1 Wie breitet sich Licht aus?

Material
Weißes Papier, Bleistift, Lineal, Experimentierleuchte, Pappe, Schere

Versuchsanleitung
a) Stellt die Experimentierleuchte auf das weiße Papier. Beobachtet, welche Form das Licht der Experimentierleuchte auf dem Papier erzeugt.
b) Schneidet aus der Pappe sechs kleine Rechtecke aus. Knickt sie in der Mitte, damit sie als Pappwinkel stehen bleiben (▷ B 1). Stellt nun zwei Pappwinkel nebeneinander vor die Experimentierleuchte. Dadurch grenzt ihr das Licht ein, das von der Leuchte ausgeht. Die beiden Pappwinkel bilden eine sogenannte Blende.
c) Stellt nun die vier übrigen Pappwinkel so auf, dass sie zwei weitere Blenden bilden. Die Öffnungen der Blenden sollen immer kleiner werden (▷ B 2). Welche Form hat der beleuchtete Bereich hinter den Blenden? Zeichnet das Ergebnis mit Bleistift und Lineal auf das weiße Blatt.

2 Wie entsteht ein Schatten?

Material
Eine hell leuchtende Glühlampe in der Fassung oder eine Taschenlampe oder eine brennende Kerze

Versuchsanleitung
a) Stellt die Lichtquelle vor eine helle Wand. Haltet eine Hand zwischen Lichtquelle und Wand. Beschreibt, was ihr an der Wand seht (▷ B 3).
b) Verändert den Abstand zwischen Lichtquelle, Wand und Hand.

Aufgabe
1. Beschreibt, wie ihr die Hand halten müsst, damit der Schatten sehr groß wird.

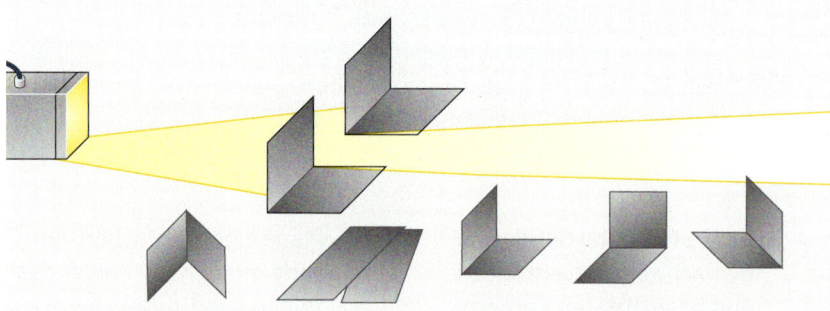

1 Zu Versuch 1

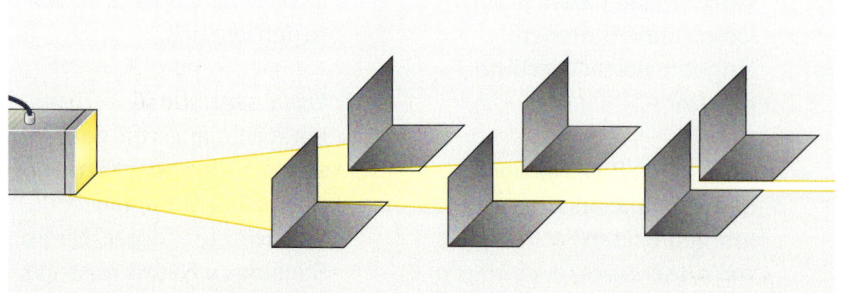

2 Vom Lichtbündel zum Lichtstrahl

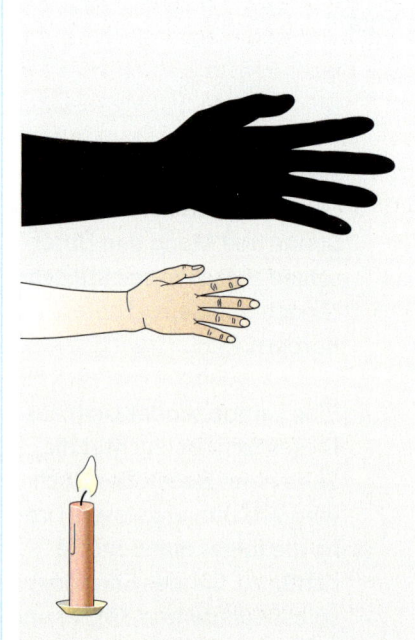

3 Schatten an der Wand

Die Ausbreitung des Lichts

1 Licht breitet sich geradlinig aus.

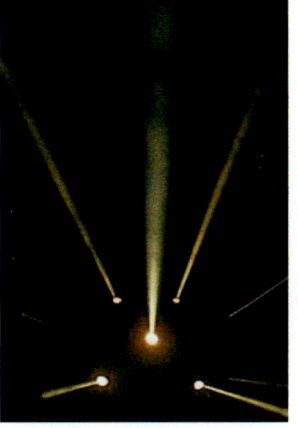

2 Kreidestaub macht Lichtbündel sichtbar.

3 Die Erde aus dem Weltall gesehen

Wie breitet sich Licht aus?

Manchmal kannst du sehen, wie das Sonnenlicht zwischen den Wolken hindurchscheint (▷ B 1). Das Licht breitet sich **geradlinig** aus, als wäre es mit einem Lineal gezeichnet.

Stellt man eine Experimentierleuchte auf einen Tisch, so sieht man eine helle Fläche. Mithilfe undurchsichtiger Gegenstände kann man schmale **Lichtbündel** erzeugen (▷ B 36.2). Wenn man den Schlitz immer enger machen könnte, dann würde auf dem Papier nur noch eine feine helle Linie sichtbar sein. Diese Linie bezeichnet man als **Lichtstrahl**. Strahlen sind gerade Linien, die von einem Punkt ausgehen. In der Realität kann man aber keine einzelnen Lichtstrahlen erzeugen. Außerdem sind sie zu dünn, dass du sie sehen kannst.

Kann man das Licht sehen?

Eine durchlöcherte Dose steht über einer leuchtenden Glühlampe. Das Licht, das durch die Löcher nach außen tritt, ist aber nicht zu sehen. Erst mit Puder oder Kreidestaub kannst du die Lichtbündel sichtbar machen (▷ B 2). Das Licht wird dabei von den kleinen Staubteilchen oder Kreideteilchen in unser Auge gelenkt. Nun erkennst du auch, dass sich das Licht in alle Richtungen ausbreitet.

Licht breitet sich geradlinig in alle Richtungen aus.

Sehr dünne Lichtbündel nennt man Lichtstrahlen. Lichtbündel kann man nur sehen, wenn das Licht in unsere Augen gelangt.

Aufgaben

1 Beschreibe, wie sich das Licht von einer Lichtquelle ausbreitet. (💡 S. 115)

2 Warum können Astronauten bei einem Raumflug die Erde im dunklen Weltall sehen (▷ B 3)? Begründe.

3 Begründe, warum im Weltraum keine Lichtstrahlen sichtbar sind.

Versuch

1 Wie kannst du nur mithilfe einer Taschenlampe, einer Pappe, einem Nagel und Puder ein dünnes Lichtbündel sichtbar machen? Plane einen Versuch und führe ihn durch. Erkläre, ob du bei diesem Versuch einen einzelnen Lichtstrahl erzeugen kannst.

2 WERKSTATT Optik | Licht und Schatten

Versuche mit der Lochkamera

Mit einfachen Mitteln kannst du eine Kamera bauen, die Bilder von deiner Umgebung zeigt. Die Versuche funktionieren besonders gut in einem abgedunkelten Raum.

1 Material

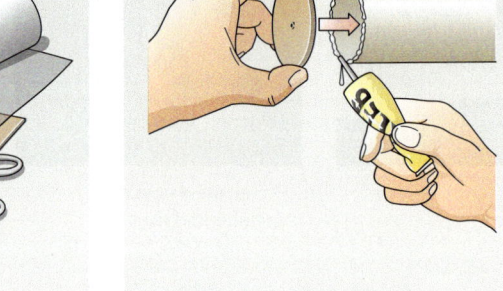

2 Aufkleben der Pappscheibe

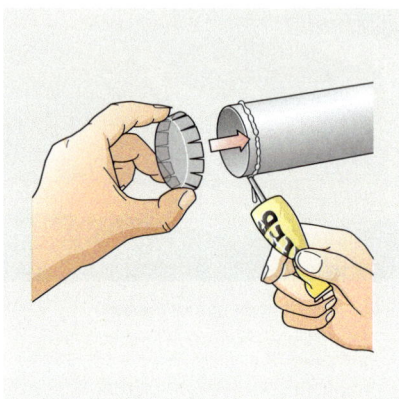

3 Aufkleben des Transparentpapiers

Material
Zwei ineinander passende Pappröhren (man kann die Röhren aus einem Pappkarton selbst basteln), dünne Pappe, Transparentpapier, Schere, Kleber, kleiner Nagel, Zirkel

Bauanleitung
a) Schneide aus der Pappe eine runde Scheibe aus. Ihr Durchmesser soll etwas größer sein als der Durchmesser der Pappröhren.
b) Bohre ein kleines Loch in die Mitte der Scheibe.
c) Klebe die Pappscheibe auf ein Ende der äußeren Röhre (▷ B 2).
d) Klebe das Transparentpapier auf das Ende der inneren Röhre (▷ B 3).
e) Stecke nun die beiden Röhren ineinander (▷ B 4).

Versuchsanleitung
a) Stelle eine brennende Kerze vor deine Kamera. Betrachte das Bild auf dem Transparentpapier.
b) Gehe mit deiner Kamera näher an die Kerze heran. Beschreibe die Veränderung des Bilds.
c) Verschiebe nun die beiden Pappröhren gegeneinander (▷ B 4). Ändere dabei nicht die Entfernung zwischen Kerze und Lochkamera.

Beobachte das Bild. Formuliere die Ergebnisse als Je-desto-Sätze.
d) Was geschieht, wenn du das Loch in der Lochkamera vergrößerst? Beschreibe, wie sich das Bild verändert.

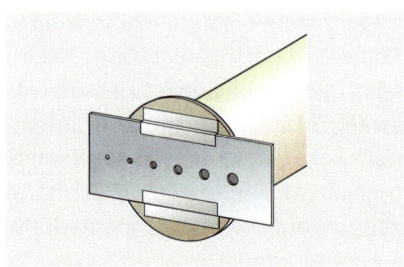

5 Unterschiedliche Blenden

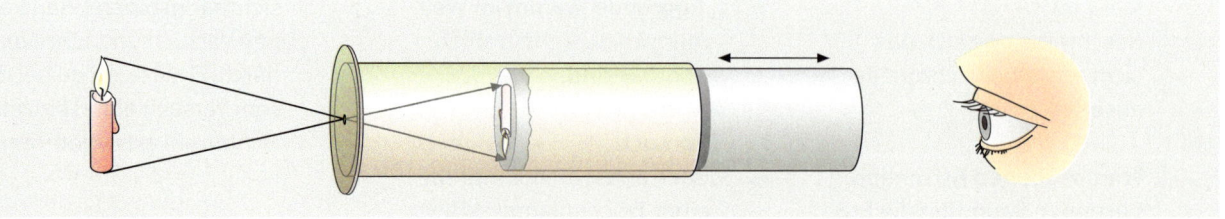

4 Prinzip der Lochkamera

Wie funktioniert die Lochkamera?

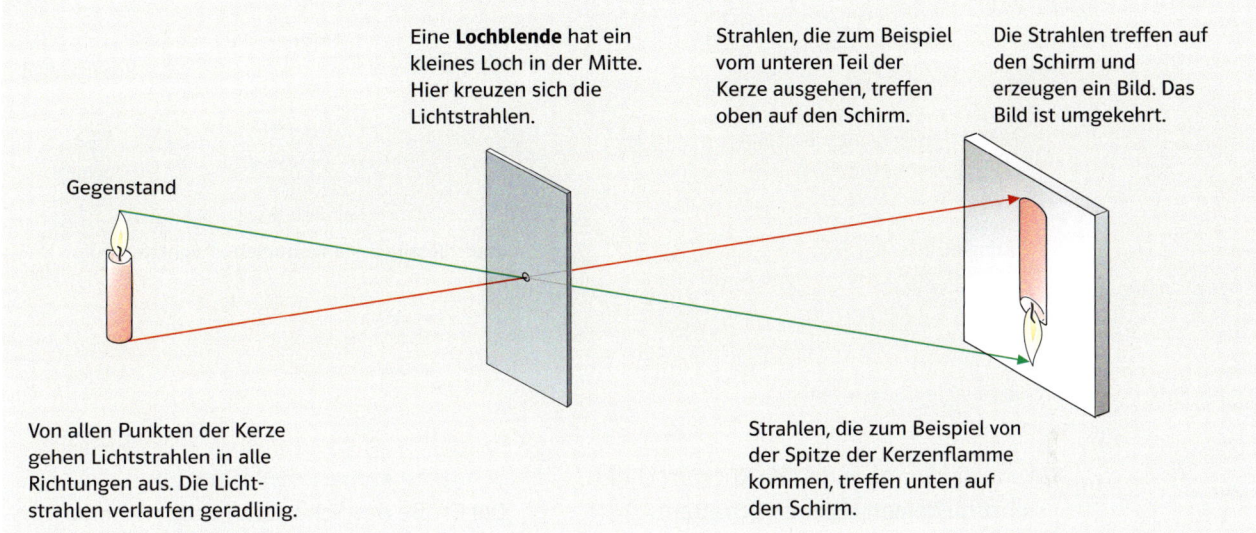

1 Bildentstehung bei einer Lochblende

Prinzip der Lochkamera

Eine **Lochblende** hat ein kleines Loch in der Mitte (▷ B 1). Mit einer Lochblende kannst du ein Bild erzeugen. Dies ist das Prinzip der **Lochkamera**. In Bild 1 siehst du, wie das Bild entsteht.

Wie kann man das Bild einer Lochkamera verändern?

Das Bild auf dem Schirm der Lochkamera sieht nicht immer gleich aus. Gehst du mit deiner Lochkamera näher an den Gegenstand heran, so wird das Bild größer. Vergrößerst du den Abstand zwischen Lochblende und Schirm, wird das Bild ebenfalls größer.

Benutzt du eine Lochblende mit einer größeren Öffnung, wird das Bild unscharf, aber auch heller. Benutzt du eine Lochblende mit einer kleineren Öffnung, wird das Bild schärfer, aber auch dunkler. Mit einer Lochkamera kannst du also niemals ein scharfes und zugleich helles Bild erzeugen.

Eine Lochkamera erzeugt ein umgekehrtes Bild. Die Größe des Bildes hängt von den Abständen zwischen Gegenstand und Lochblende sowie zwischen Lochblende und Schirm ab.

Prinzip
Idee, Grundlage

Schirm
hier: etwas zum Anzeigen des Bildes

Aufgaben

1 Wovon hängt die Größe des Bilds ab, das eine Lochkamera erzeugt? Formuliere Je-desto-Sätze. (💡 S. 115)

2 Begründe mit einer Skizze, warum die Bilder bei einer Lochkamera nicht nur oben und unten vertauschen, sondern auch links und rechts.

3 Wenn man bei der Lochkamera eine Lochblende mit einer großen Öffnung (▷ 38.5) benutzt, wird das Bild unscharf. Erkläre den Zusammenhang.

2 Optik | Licht und Schatten

5yu4ye

Licht und Schatten

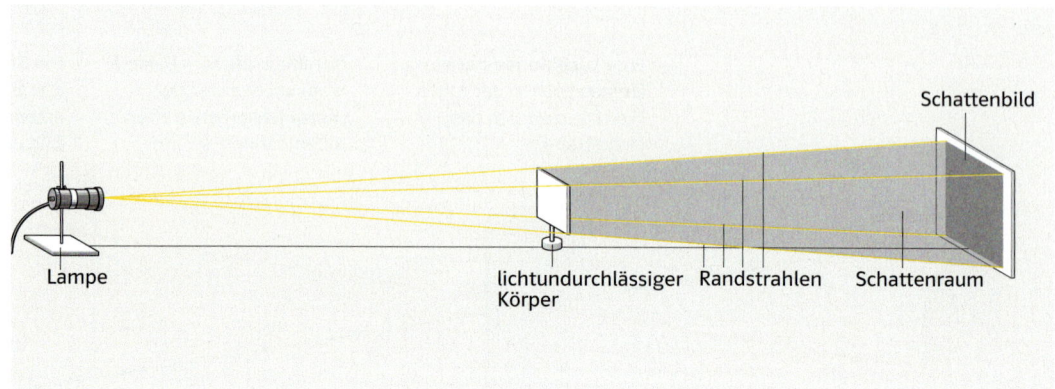

1 So entsteht ein Schatten.

Wenn die Sonne in deinen Rücken scheint, siehst du deinen eigenen Schatten.
Mit einem einfachen Versuch kannst du nachstellen, wie dein Schatten entsteht: Dazu stellst du eine Lampe vor eine helle Wand. Stellst du dich zwischen Lampe und Wand, erscheint dein Schatten an der Wand.

Warum entsteht ein Schatten?

Der Schatten entsteht, weil die Lichtstrahlen einen lichtundurchlässigen Körper nicht durchdringen können. Deshalb entsteht hinter dem Körper ein **Schattenraum**. Er wird von den **Randstrahlen** begrenzt (▷ B 1). Das sind die Strahlen, die gerade noch an dem Körper vorbei bis zur Wand gelangen. Dort legen die Randstrahlen das **Schattenbild** fest.

Schatten kannst du verändern

Die Größe des Schattens hängt nicht nur von der Form des Gegenstands ab. Wenn du den Gegenstand zur Lichtquelle hin verschiebst, wird das Schattenbild größer. Schiebst du den Gegenstand näher zur Wand, wird der Schatten kleiner.

Schatten mit scharfem Rand

Um 1800 war es groß in Mode, Porträts von Menschen als Schattenbild herzustellen (▷ B 6). Beim Zeichnen des Schatten-Porträts kommt es darauf an, einen scharf begrenzten Schatten zu erhalten. Das funktioniert mit einer **punktförmigen Lichtquelle** (▷ B 2). Beispiele sind die Lampen eines Tageslichtprojektors oder die Leuchtdioden in Autoscheinwerfern.

lichtundurchlässig
Es kommt kein Licht durch.

Porträt
gemaltes Bild eines Menschen

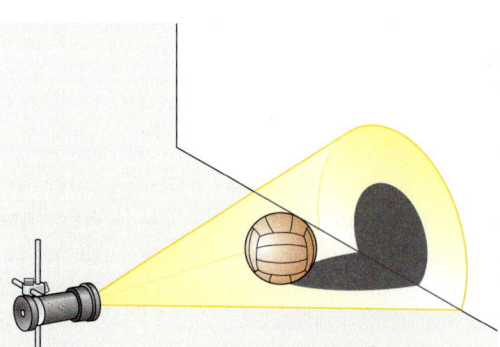

2 Scharfe Schattengrenzen durch eine punktförmige Lichtquelle

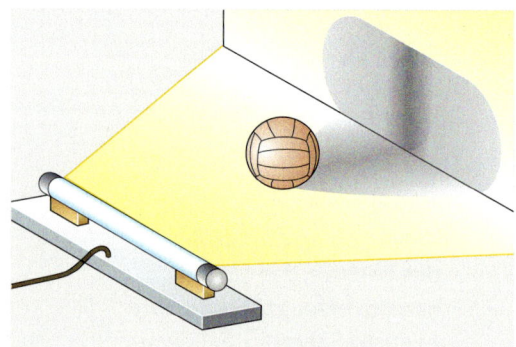

3 Unscharfe Schattengrenzen durch eine Leuchtstoffröhre

4 Hier stört kein Schatten.

5 Schatten können stören.

Wenn Schatten stören

Oft sind Schatten störend. In bestimmten Situationen sind starke Schatten sogar gefährlich. Vielleicht hast du schon einmal erlebt, dass du eine Treppe hinuntergehst und dein eigener schwarzer Schatten vor dir die Stufen verdeckt. Hier besteht Stolpergefahr. Beim Lesen oder Schreiben stören Schatten (▷ B 5). Deshalb müssen in solchen Situationen die Räume so beleuchtet werden, dass keine scharf abgegrenzten schwarzen Schatten entstehen. Dazu verwendet man eine **ausgedehnte Lichtquelle**, wie z. B. eine Leuchtstoffröhre (▷ B 3).

Ein Schattenraum entsteht, wenn eine Lichtquelle einen lichtundurchlässigen Körper beleuchtet.

Punktförmige Lichtquellen erzeugen scharfe Schattengrenzen. Flächenförmige Lichtquellen erzeugen unscharfe Schattengrenzen.

6 Schatten-Porträt

Leuchtstoffröhre
eine Art längliche Lampe

Aufgaben

1 Beschreibe, wie ein Schatten entsteht. (💡 S. 115)

2 Beschreibe, wie ein Schatten möglichst groß wird. (💡 S. 115)

3
a) Im Text kommen drei Begriffe vor, die du zur Beschreibung eines Schattens benötigst. Nenne sie. (💡 S. 115)
b) Erstelle mithilfe deiner drei Begriffe einen eigenen Text. Erkläre darin, wie ein Schatten entsteht.

4
a) Begründe, warum Schatten in Büros und Klassenräumen stören.
b) Beschreibe, wie man das verhindern könnte.

5 Im Tageslichtprojektor befindet sich eine punktförmige Lichtquelle. Begründe, warum eine ausgedehnte Lichtquelle nicht geeignet wäre.

Halbschatten und Kernschatten

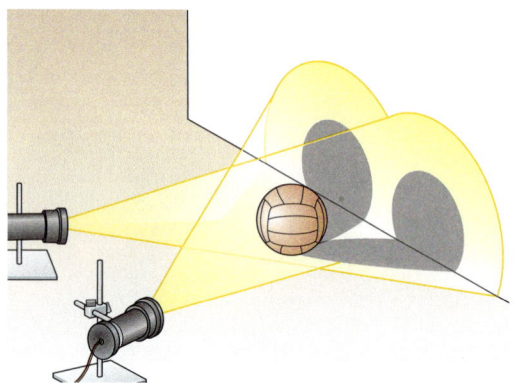

1 Schattenbildung bei zwei Lichtquellen

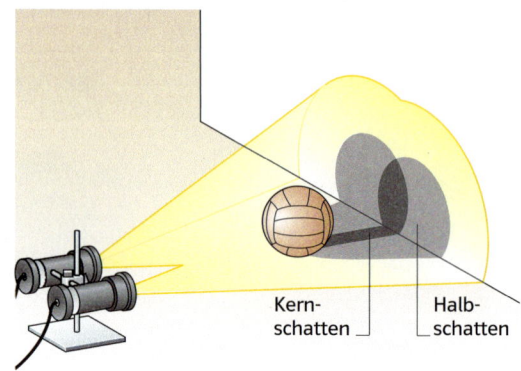

2 Schattenbildung bei zwei Lichtquellen

Schatten bei mehreren Lichtquellen

Stellt man zwei Lichtquellen nebeneinander, die beide einen lichtundurchlässigen Körper bestrahlen, sieht man an der Wand zwei
5 getrennte Schatten (▷ B 1). Zwischen den beiden Schatten ist es hell.

Bewegt man die beiden Lichtquellen voneinander weg, so entfernen sich auch die Schattenbilder voneinander.

10 ### Schatten überlagern sich

Stellt man die beiden Lichtquellen eng nebeneinander (▷ B 2), überlagern sich die beiden Schatten. Du kannst einen dunkleren Schatten erkennen und zwei hellere Schat-
15 tenbereiche. In den dunkleren Bereich gelangt kein Licht von den beiden Lichtquellen. Man nennt diesen Bereich Kernschatten. Die beiden etwas helleren Schattenbereiche erhalten jeweils Licht von einer der beiden
20 Lichtquellen. Diese Bereiche nennt man Halbschatten. Alle anderen Bereiche sind hell: Sie werden vom Licht beider Lichtquellen erreicht.

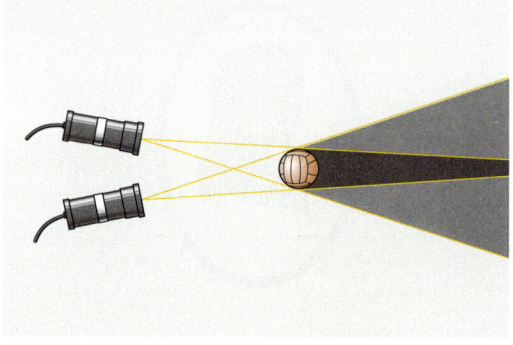

3 Halbschatten und Kernschatten von oben

Aufgaben

● 1 Erkläre, wie die Schatten in Bild 1 und 2 entstehen.

● 2 Kann man mit zwei Lichtquellen und einem Gegenstand nur einen einzigen Schatten an der Wand erzeugen? Begründe deine Antwort. Erstelle eine Skizze ähnlich zu Bild 3.

● 3 Drei punktförmige Lichtquellen beleuchten einen Körper. Skizziere die Randstrahlen wie in Bild 3 und beschreibe, welche Schattenbilder entstehen. Benutze unterschiedliche Abstände zwischen den Lichtquellen und zwischen Lichtquellen und Körper.

Optik | Licht und Schatten **WERKSTATT 2**

Zeitmessung mit der Sonnenuhr

5yu4ye

1 Die Sonnenuhr – mal klein ...
Material
Blumentopf, Sand, helle Pappe, Holzstab, Stift

Versuchsanleitung
Schneide aus der Pappe eine kreisförmige Scheibe aus, die den gleichen Durchmesser hat wie der Topf. Fülle den Topf mit Sand. Stecke den Holzstab mitten durch die Pappscheibe. Stelle ihn dann in den Topf. Stelle nun den Topf an einen sonnigen Ort. Markiere nach jeder vollen Stunde mit einem Stift die Position des Schattens auf der Pappe (▷ B 1). Nun kannst du an Sonnentagen die Zeit ablesen. Du darfst aber den Standort deiner Sonnenuhr nicht verändern.

2 ... mal groß ...
Material
Kreide oder Farbe und Pinsel, ca. 1 m bis 2 m langer Holzstab (z. B. Besenstiel)

Versuchsanleitung
Stellt den Holzstab an einem geeigneten sonnigen Platz auf eurem Schulgelände auf. Markiert zu jeder vollen Stunde die Position des Schattens mit einem Farbpunkt und mit der Uhrzeit (▷ B 2).

2 Sonnenuhr im Schulhof

3 ... mal ganz einfach
Material
Ein dünner Streifen aus schwarzer Pappe, ein großer Bogen helle Pappe oder Papier, durchsichtiger Klebefilm, Stift

Versuchsanleitung
Klebe den schwarzen Streifen auf eine Fensterscheibe, auf die die Sonne scheint. Auf die Fensterbank klebst du den Bogen Pappe oder Papier. Markiere nun nach jeder Stunde die Position des Schattens und schreibe die Uhrzeit daran (▷ B 3).

1 Blumentopf als Sonnenuhr

3 Die Fensterbank als Sonnenuhr

Aufgaben

1 Egal, welche Sonnenuhr du gebaut hast: Kontrolliere die Genauigkeit der Sonnenuhr über einen Zeitraum von mehreren Wochen oder Monaten. (💡 S. 115)

2 Notiere drei Situationen aus deinem Alltag, bei denen eine Zeitmessung mit einer Sonnenuhr nur schwer oder gar nicht möglich ist.

3 Marcel fragt, ob man eine Sonnenuhr auch als Armbanduhr bauen kann. Nimm Stellung zu dieser Frage.

2 MATERIAL Optik | Licht und Schatten

5yu4ye

Licht und Schatten im Weltraum

Material 1

Was ist die Sonne?

Die Sonne ist unsere Lichtquelle im Weltraum. Sie ist eine Art Kraftwerk, das unsere Erde mit Licht und Wärme versorgt. Daher ist Leben auf der Erde möglich.

Die Sonne ist ein riesiger glühender Ball aus Gas. In ihrem Inneren herrschen Temperaturen von über 15 Millionen Grad Celsius. Die Erde würde über eine Million mal in die Sonne hinein passen. Sie ist über vier Milliarden Jahre alt. Die Sonne ist 150 Millionen Kilometer von der Erde entfernt.

Material 2

Sonnenfinsternis und Mondfinsternis

Wie kommt es zu einer Sonnenfinsternis?
Einmal im Monat befindet sich der Mond zwischen Erde und Sonne. Nur wenn er von der Erde aus gesehen genau vor der Sonne steht, gibt es eine Sonnenfinsternis. Teile der Erde sind dann im Schatten des Mondes.

Wie kommt es zu einer Mondfinsternis?
Eine Mondfinsternis entsteht, wenn sich der Mond durch den Schatten der Erde bewegt.

Material 3

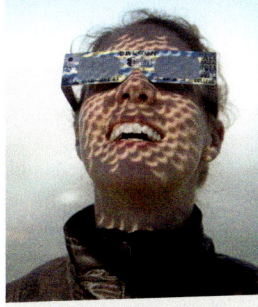

Jägerin der Sonnenfinsternis

Anja Jansen ist eine „Sonnenfinsternis-Jägerin" aus Deutschland: Sie reist um die ganze Welt, um Sonnenfinsternisse zu erleben. Die Zeitschrift für Astronomie (ZfA) konnte ihr einige Fragen stellen.

ZfA: Warum reisen Sie so viel, um Sonnenfinsternisse zu beobachten?
Anja Jansen: Eine Sonnenfinsternis kann man nur sehr selten beobachten, wenn man an einem Ort bleibt. Die letzte totale Sonnenfinsternis in Deutschland gab es im Jahr 1999.
ZfA: Wie entsteht eigentlich eine Sonnenfinsternis? Und wann spricht man von einer totalen Sonnenfinsternis?
Anja Jansen: Bei einer Sonnenfinsternis steht der Mond zwischen Erde und Sonne. Der Schatten des Mondes fällt dann auf einen Teil der Erde. Wenn der Mond die Sonne vollständig verdeckt, dann sprechen wir von einer totalen Sonnenfinsternis.
ZfA: Wieso warten Sie nicht, bis es die nächste totale Sonnenfinsternis in Deutschland gibt?
Anja Jansen: Erst im Jahr 2081 wird es wieder eine totale Sonnenfinsternis in Deutschland geben. Danach erst wieder im Jahr 2135.
ZfA: Was ist so besonders an einer Sonnenfinsternis?
Anja Jansen: Die Sonnenstrahlen können die Erde nicht mehr erreichen. Es wird dunkel und kühl. Wenn keine Wolken am Himmel sind, kann man bei einer Sonnenfinsternis sogar Sterne am Himmel sehen.
ZfA: Warum tragen die Menschen bei einer Sonnenfinsternis so seltsame Brillen?
Anja Jansen: Es ist sehr wichtig, die Augen vor der Sonne zu schützen. Wer direkt und ungeschützt in die Sonne schaut, kann sogar blind werden. Für den geschützten Blick in die Sonne gibt es deshalb besondere Brillen: Sonnenfinsternis-Brillen.

Aufgaben

1 Lies Material 1.
a) Ergänze: Die Erde würde … mal in die Sonne passen. (S. 115)
b) Gib die Temperatur im Inneren der Sonne an. (S. 115)
c) Begründe, warum die Sonne auch als Lebensspender bezeichnet wird.

2 Lies Material 2.
a) Erkläre, wie eine Mondfinsternis entsteht.
b) Erkläre den Unterschied zwischen einer Sonnenfinsternis und einer Mondfinsternis.
c) Beurteile, ob Jan oder Andrea recht hat:
Jan: „Bei einer Sonnenfinsternis steht die Erde zwischen Sonne und Mond."
Andrea: „Bei einer Sonnenfinsternis steht der Mond zwischen Sonne und Erde."

3 Lies Material 3.
a) Gib an, wann die nächste totale Sonnenfinsternis in Deutschland stattfindet. (S. 115)
b) Erkläre, was man unter einer totalen Sonnenfinsternis versteht.
c) Begründe, warum man die Augen beim Beobachten einer Sonnenfinsternis mit einer besonderen Brille schützt.

2 Optik | Licht und Schatten

5yu4ye

Tag und Nacht

Was ist ein Tag?
Das Wort Tag hat in der Physik zwei unterschiedliche Bedeutungen.

Mit einem Tag meint man zum einen den sogenannten Kalendertag, der um 0 Uhr beginnt und um 24 Uhr endet (▷ B 2). Ein Tag hat also 24 Stunden. Jede Stunde hat 60 Minuten. Somit hat ein Tag 1 440 Minuten. Da jede Minute 60 Sekunden hat, dauert ein Tag 86 400 Sekunden.

Mit dem Wort Tag bezeichnet man zum anderen aber auch die helle Phase eines Kalendertages. Als Nacht bezeichnet man dagegen die dunkle Phase eines Kalendertages.

Die Dauer der hellen Phase (Tag) und der dunklen Phase (Nacht) ändert sich im Laufe eines Jahres.

Die Entstehung von Tag und Nacht
Die Erde ist eine riesige Kugel, die sich wie ein Karussell um ihre eigene Achse dreht (▷ B 3). Diese Bewegung wird als Erdrotation bezeichnet. Eine volle Umdrehung der Erde dauert 24 Stunden. Das entspricht in unserer Zeiteinteilung einem Kalendertag.

Die Erdrotation verursacht den ständigen Wechsel von Tag (helle Phase eines Kalendertages) und Nacht (dunkle Phase eines Kalendertages).

Tagseite und Nachtseite
Die Sonne sendet ihr Licht zur Erde. Eine Hälfte der Erde wird dann von der Sonne beleuchtet. Dort ist es Tag. Diese Hälfte nennt man **Tagseite** (▷ B 3).

Die andere Hälfte der Erde wird nicht von der Sonne beleuchtet. Diese Hälfte liegt im Dunkeln. Dort ist es Nacht. Diese Hälfte nennt man **Nachtseite**.

Astronauten, die sich im Weltraum aufhalten, haben den besten Blick auf unseren Planeten Erde. Sie können deutlich die Tagseite

> **Phase**
> Abschnitt eines Zeitraums

1 Nacht und Tag auf der Erde

2 Kalendertage

46

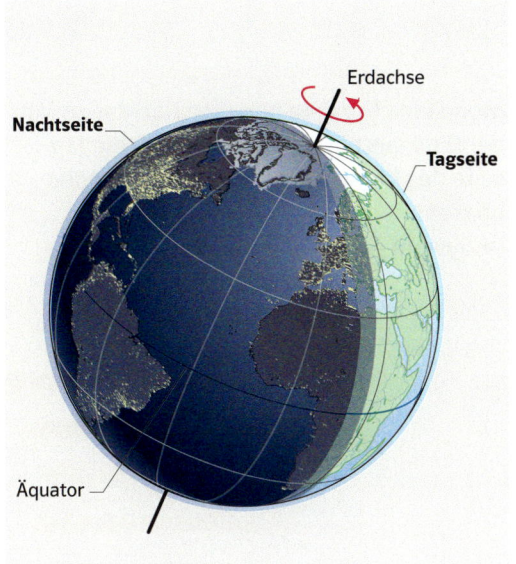

3 Nachtseite und Tagseite

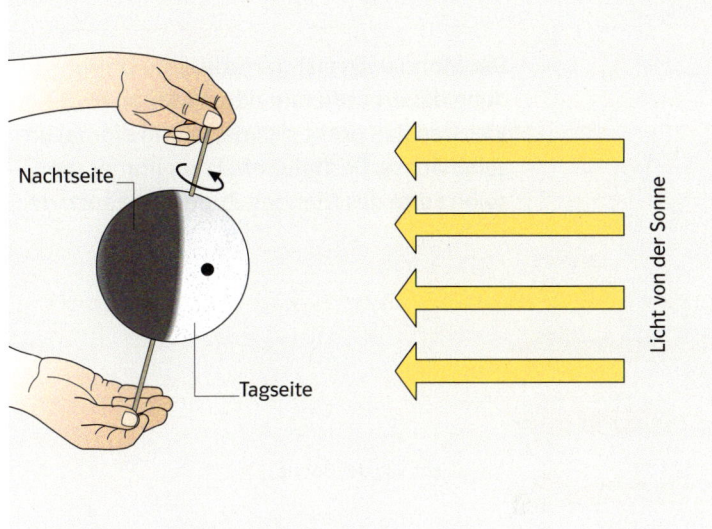

4 Nachtseite und Tagseite der Erde im Modell

und die Nachtseite erkennen (▷ B 1). Sie können auch gut sehen, wie die Städte nachts künstlich beleuchtet sind.

Nicht nur auf der Erde gibt es Tag und Nacht. Auch auf anderen Planeten oder auf unserem Mond gibt es Tag und Nacht. (► System, S. 106/107)

Tag und Nacht entstehen dadurch, dass sich die Erde um ihre eigene Achse dreht. Die Sonne beleuchtet immer nur eine Seite der Erde. Die von der Sonne beleuchtete Seite nennt man Tagseite. Die nicht beleuchtete Seite nennt man Nachtseite.

künstlich
von Menschen gemacht

Aufgaben

1
a) Gib an, was man unter einem Kalendertag versteht. (💡 S. 115)
b) Gib an, wie lang ein Kalendertag ist. (💡 S. 115)

2 Ergänze folgende Sätze in deinem Heft:
a) Die Nachtseite der Erde liegt …
b) Die Tagseite der Erde wird … (💡 S. 115)

3 Erkläre, wie es zu Bild 1 kommt.

4 Wird eine Sportsendung aus Australien live im Fernsehen übertragen, läuft diese bei uns mitten in der Nacht, obwohl dort heller Tag ist. Erkläre, wie das möglich ist.

5 Schreibe einen kurzen Zeitungsartikel. Erkläre darin die beiden unterschiedlichen Bedeutungen des Wortes „Tag".

6 Stefanie sagt: „Eine Woche hat exakt 604 800 Sekunden!" Hat Stefanie recht? Rechne nach.

7 Recherchiere, wie lang ein Tag auf dem Mond dauert (► S. 112).

Versuch

1 Führt den Versuch wie in Bild 4 zu zweit durch. Verwendet eine Taschenlampe als Sonne. Zeigt für den schwarzen Punkt folgende Zeitpunkte:
– kurz nach dem Sonnenaufgang
– Mittag
– kurz vor dem Sonnenuntergang

2 INFOGRAFIK Optik | Licht und Schatten

5yu4ye

Die Mondphasen

Der Mond umkreist die Erde. Eine Umrundung dauert ungefähr einen Monat. In der gleichen Zeit dreht sich der Mond einmal um seine Achse. Deshalb sehen wir immer dieselbe Seite des Mondes. Zudem hat auch der Mond eine Tagseite und eine Nachtseite. Von der Erde aus betrachtet sehen wir die Tagseite des Mondes in verschiedenen Mondphasen.
(▶ System, S. 106/107)

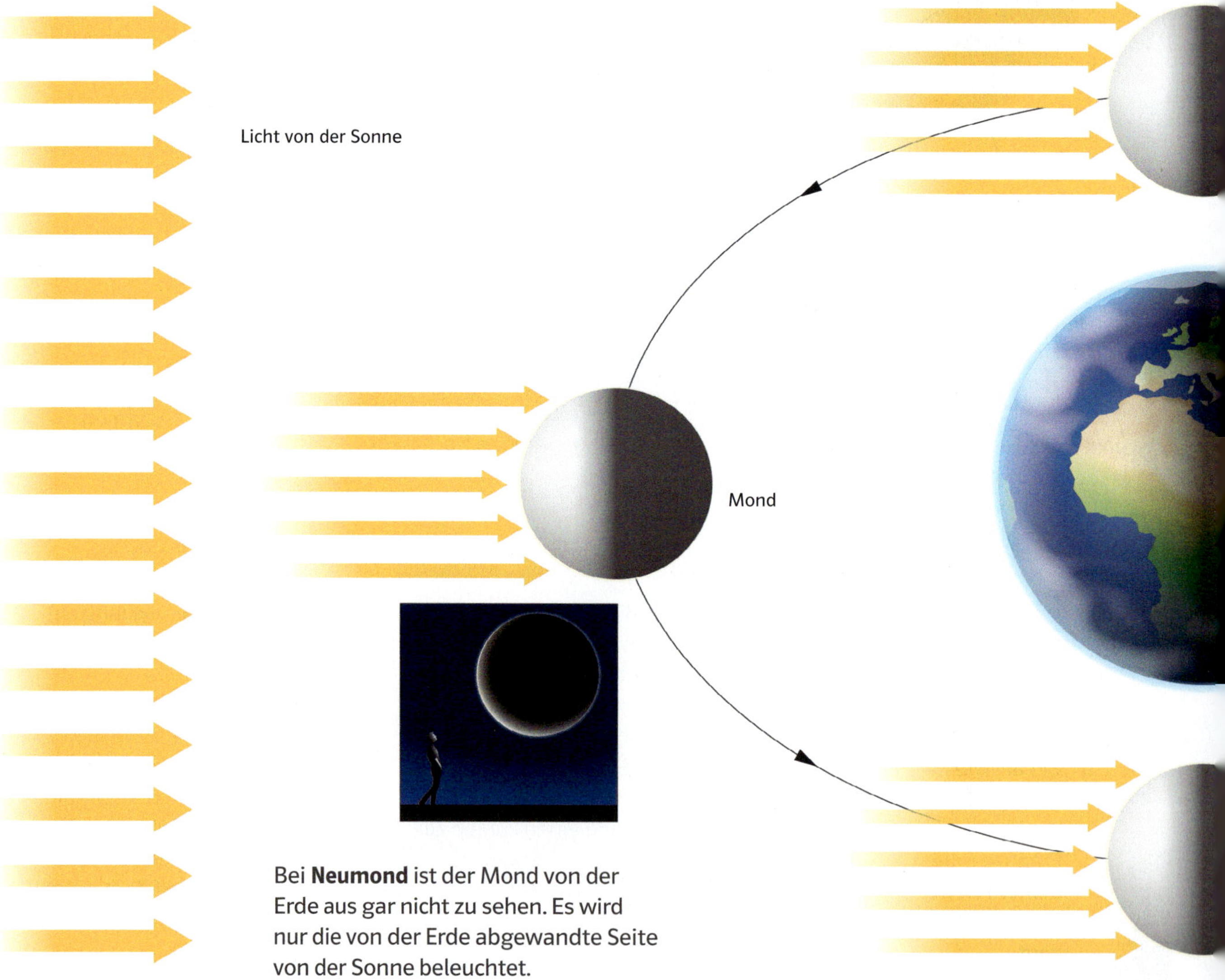

Licht von der Sonne

Mond

Bei **Neumond** ist der Mond von der Erde aus gar nicht zu sehen. Es wird nur die von der Erde abgewandte Seite von der Sonne beleuchtet.
Nach dem Neumond sehen wir den Mond als schmale Sichel. Der sichtbare Teil des Mondes wird immer größer. Man sagt, der Mond nimmt zu.

Beim **zunehmenden Halbmond** sehen wir die rechte Seite des Mondes beleuchtet. Für uns sieht der Mond wie ein zur Hälfte beleuchteter Kreis aus.

Beim **abnehmenden Halbmond** sehen wir die linke Seite des Mondes beleuchtet. Für uns sieht der Mond wie ein zur Hälfte beleuchteter Kreis aus.

Umlaufbahn des Mondes

Erde

Einmal im Monat ist **Vollmond**. Dabei ist die von der Sonne beleuchtete Seite des Mondes der Erde zugewandt. Tag für Tag wird der sichtbare Teil des Mondes immer kleiner. Wir sehen nur noch einen Teil der beleuchteten Oberfläche des Mondes. Man sagt, der Mond nimmt ab.

Durch die Drehung des Mondes um die Erde entstehen die Mondphasen. Bei Vollmond ist die Seite des Mondes, die von der Sonne bestrahlt wird, der Erde zugewandt.

Aufgaben

1 Beschreibe, wie Vollmond und Neumond entstehen. (S. 115)

2 Beschreibe, was man unter dem zunehmenden Mond und dem abnehmenden Mond versteht. (S. 115)

3 Beobachte einen Monat lang im Abstand von drei Tagen den Mond. Skizziere jeweils, welchen Teil des Mondes du sehen kannst. Notiere zu jeder Skizze das Datum.

4 Fertige eine Skizze an, mit der du die Entstehung des Neumondes darstellst.

5 Fertige ein Modell an, mit dem du die Mondphasen nachstellen kannst. Führe das Ergebnis in der Klasse vor. Tipp: Als Sonne kannst du beispielsweise eine Taschenlampe benutzen.

2 Optik | Reflexion des Lichts

Ich kann beschreiben, wie Licht reflektiert, gestreut und absorbiert wird.

Die Reflexion am Spiegel

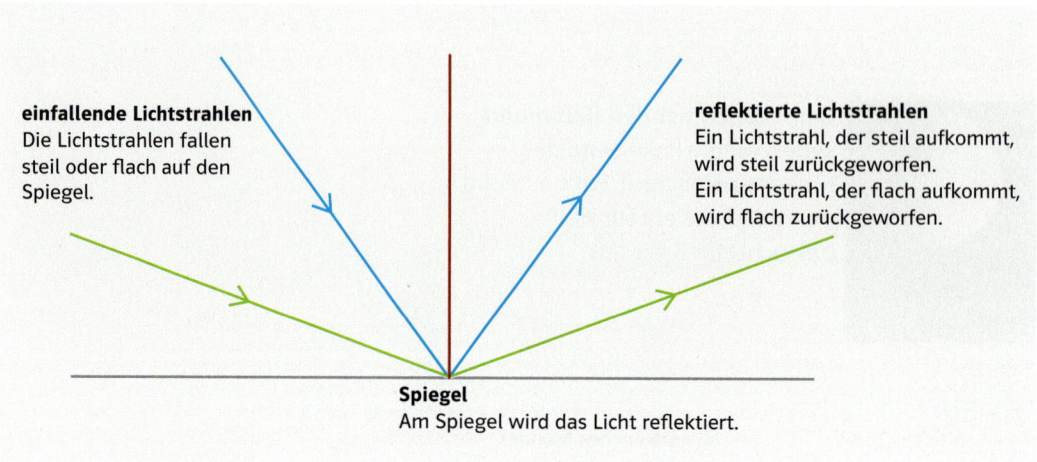

1 Reflexion von Lichtstrahlen am Spiegel; das Lot ist rot eingezeichnet.

Licht wird gespiegelt

Mit einem Spiegel kann man Lichtstrahlen umlenken. In Versuch 1 kannst du das ausprobieren.
Ein Spiegel besitzt eine glatte und glänzende Oberfläche. Wenn das Licht auf die Spiegel-Oberfläche trifft, dann wirft der Spiegel das Licht zurück. Man sagt: Das Licht wird **reflektiert**. Diese sogenannte **Reflexion** von Licht tritt an glatten Oberflächen wie z. B. Glas, Wasser oder Metall auf. Du kannst deshalb dein Spiegelbild im Spiegel beobachten.

Oberfläche
Oberseite, obere Schicht

auftreten
erscheinen, da sein

Die Reflexion von Licht

Nun soll untersucht werden, in welche Richtung ein Lichtstrahl reflektiert wird. Die Lichtstrahlen am Spiegel bilden ein „V" (▷ B 1). Dieses „V" kann schmal oder breit sein. Das hängt davon ab, wie flach oder steil das Licht auf den Spiegel trifft. Die Senkrechte, die das „V" genau in der Mitte teilt, bezeichnet man als **Lot**.

Ein Lichtstrahl wird an einem Spiegel reflektiert. Der Lichtstrahl wird genauso flach oder steil zurückgeworfen, wie er aufkommt.

Aufgaben

1 Beschreibe, wie du einen Lichtstrahl umlenken kannst. (💡 S. 115)

2 Erkläre, wie ein Lichtstrahl am Spiegel reflektiert wird.

3 Schaue dir noch einmal Bild 1 an. Was passiert, wenn man die einfallenden und die reflektierten Lichtstrahlen vertauscht? Beschreibe.

4 Yvonne behauptet, dass einfallende und reflektierte Lichtstrahlen nicht immer ein „V" bilden müssen. Nimm Stellung zu Yvonnes Aussage.

Versuch

 1
a) Markiere einen Punkt an der Wand und dunkle den Raum ab. Erzeuge mit einer Taschenlampe ein schmales Lichtbündel. Versuche nun, das Lichtbündel mit einem Spiegel auf den Punkt zu lenken.

b) Verändere die Position der Taschenlampe und wiederhole den Versuch.

Das Reflexionsgesetz

Wenn Licht auf einen Spiegel trifft, dann wird es reflektiert. Die Gesetzmäßigkeiten für diese Reflexion kannst du mit Versuch 1 selbst herausfinden.

Das Reflexionsgesetz

In Bild 1 siehst du zwei Winkel. Der Einfallswinkel α (grün) ist der Winkel, in dem der Lichtstrahl auf den Spiegel trifft.
Der Reflexionswinkel β (rot) ist der Winkel, in dem der Lichtstrahl am Spiegel reflektiert wird.

In Bild 1 kannst du erkennen: Der Reflexionswinkel ist genauso groß wie der Einfallswinkel. Dabei spielt es keine Rolle, von welcher Seite das Licht kommt.

Das Lot

Das Lot ist eine gedachte Hilfslinie. Das Lot steht senkrecht auf der Spiegeloberfläche. Es endet im Knick des „V". Auf der einen Seite des Lots befindet sich der Einfallswinkel. Auf der anderen Seite des Lots findet man den Reflexionswinkel.

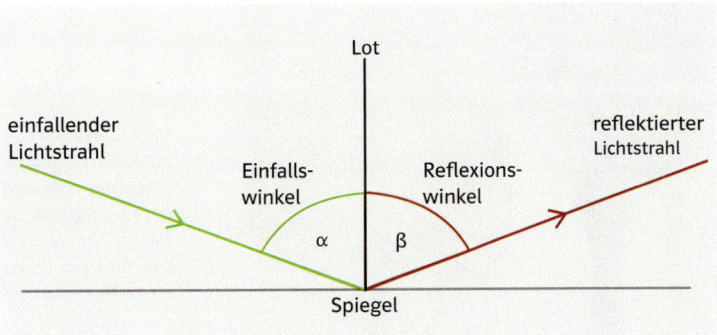

1 Einfallswinkel und Reflexionswinkel

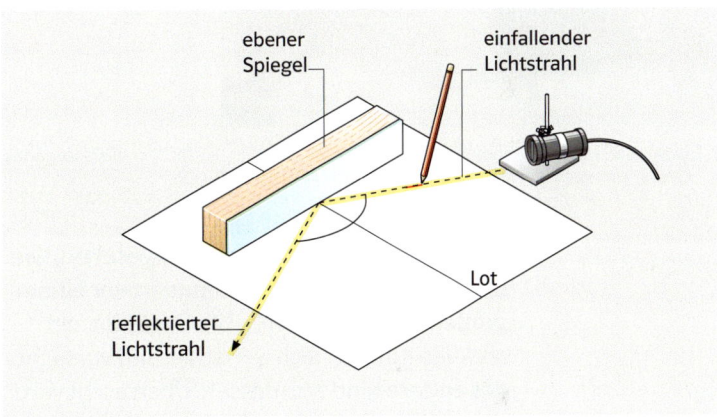

2 Zu Versuch 1

Aufgaben

- **1** Beschreibe Bild 1 mit eigenen Worten.

- **2** Ein Lichtstrahl trifft mit einem Einfallswinkel von 45° auf einen Spiegel. Fertige eine übersichtliche Zeichnung an, in der du den einfallenden und den reflektierten Lichtstrahl sowie das Lot grafisch konstruierst.

- **3** Der Reflexionswinkel eines LS Lichtstrahls an einem Spiegel beträgt 30°. Mirco glaubt nicht, dass der dazugehörige einfallende Lichtstrahl einen Einfallswinkel von ebenfalls 30° hat. Schreibe deine Erklärung auf und konstruiere zur Erklärung den genauen Verlauf beider Lichtstrahlen.

Versuch

1
a) Baue den Versuch wie in Bild 2 auf.
b) Markiere auf dem Papier den Weg des einfallenden Lichtstrahls und den Weg des reflektierten Lichtstrahls.
c) Miss den Winkel zwischen einfallendem Lichtstrahl und Lot. Miss dann den Winkel zwischen Lot und reflektiertem Lichtstrahl. Notiere beide Werte.
d) Wiederhole die Experimentierschritte b und c für zwei andere Einfallswinkel.
e) Formuliere ein Ergebnis.
f) Ist der Weg des Lichts umkehrbar? Plane einen Versuch dazu und führe ihn durch.

Wie entstehen Spiegelbilder?

5yu4ye

1 Ein Spiegel kann täuschen.

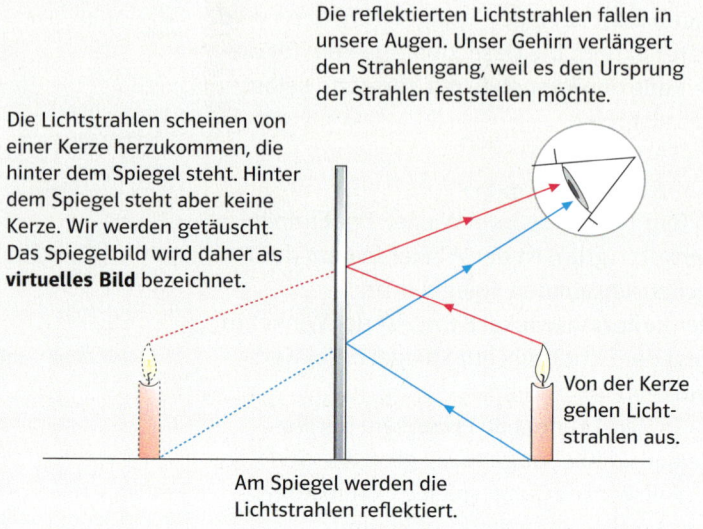

Die Lichtstrahlen scheinen von einer Kerze herzukommen, die hinter dem Spiegel steht. Hinter dem Spiegel steht aber keine Kerze. Wir werden getäuscht. Das Spiegelbild wird daher als **virtuelles Bild** bezeichnet.

Die reflektierten Lichtstrahlen fallen in unsere Augen. Unser Gehirn verlängert den Strahlengang, weil es den Ursprung der Strahlen feststellen möchte.

Von der Kerze gehen Lichtstrahlen aus.

Am Spiegel werden die Lichtstrahlen reflektiert.

2 Wie ein Spiegelbild entsteht

Täuschung durch Spiegelbilder

Bestimmt hast du schon einmal gesehen, wie ein kleines Baby völlig verwundert vor einem großen Spiegel steht (▷ B 1). Es glaubt, ein anderes Kind vor sich zu haben, und versucht, das andere Kind anzufassen. Überrascht wird das Baby jedoch feststellen, dass sich hinter dem Spiegel kein anderes Kind befindet. Du weißt, dass dort niemand ist. Der Spiegel täuscht uns.

Entstehung von Spiegelbildern

Spiegelbilder entstehen, weil das Licht an Spiegeln reflektiert wird. Bild 2 zeigt, wie das Spiegelbild einer Kerze entsteht.
   Die Entstehung von Spiegelbildern wird in Bild 2 zur Vereinfachung nur mit zwei Lichtstrahlen erklärt. Natürlich gibt es die Reflexion auch für alle anderen Punkte der Kerze, von denen Lichtstrahlen über den Spiegel in unsere Augen gelangen können.

3 Spiegelung des Schlosses an der Wasseroberfläche

4 Spiegelschrift an einem Einsatzfahrzeug

5 Aufforderung der Polizei anzuhalten

Spiegelbilder in Natur und Alltag

Bild 3 zeigt ein Beispiel für ein Spiegelbild. Das Schloss spiegelt sich an der Wasseroberfläche. Leichte Wellen verzerren meistens solche Spiegelbilder. Zudem ist das Spiegelbild etwas dunkler als das echte Schloss.

Das liegt daran, dass von der Wasseroberfläche nicht alle Lichtstrahlen reflektiert werden. Ein Teil des Lichts dringt in das Wasser ein. Dieses Licht erreicht unsere Augen nicht.

Ein Spiegelbild scheint hinter dem Spiegel zu liegen. Das Spiegelbild wird deshalb als virtuelles Bild bezeichnet.

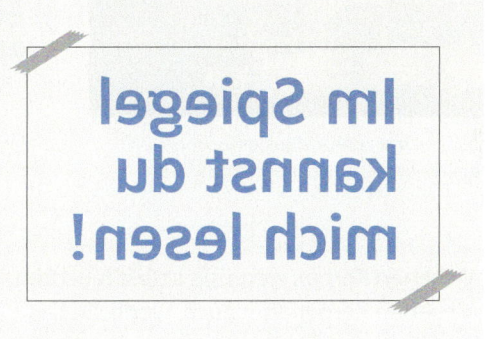
6 Eine geheime Botschaft in Spiegelschrift

Aufgaben

1 Beschreibe, wie ein Spiegelbild entsteht. (💡 S. 115)

2 Zeichne Bild 2 ab. Ergänze weitere Lichtstrahlen in deiner Zeichnung.

3 Erkläre, wie das Baby in Bild 1 von seinem Spiegelbild getäuscht wird.

4 An manchen Fahrzeugen gibt es eine Beschriftung, die man nicht so einfach lesen kann (▷ B 4, B 5). Warum verwendet man eine solche Beschriftung? Begründe.

5 Konstruiere ein Spiegelbild wie in Bild 2. Baue anschließend einen Fehler in die Zeichnung ein. Jemand aus deiner Klasse muss nun den Fehler finden.

Versuche

1 Stell dich vor einen großen Spiegel und betrachte dein Spiegelbild. Kneife dein rechtes Auge zu. Hebe deinen linken Arm. Beschreibe, wie dein Spiegelbild jeweils „reagiert".

2 Versuche mithilfe eines Spiegels, die geheime Botschaft in Bild 6 zu entschlüsseln.

3 Schreibe deinen eigenen Namen in Spiegelschrift auf. Tipp: Verwende zur Vereinfachung Großbuchstaben. Überprüfe anschließend mithilfe eines Spiegels, ob du deinen Namen richtig geschrieben hast.

Reflexion – Streuung – Absorption

1 Helle Flächen werfen das Licht gut zurück, dunkle Flächen (Dächer und dunkel bemalte Fenster) verschlucken das Licht.

2 Häuser in Südeuropa

Licht wird reflektiert

Wir sehen Körper, wenn sie selbst leuchten. Wir sehen Körper aber auch, wenn sie das Licht anderer Lichtquellen in unsere Augen zurückwerfen. Das geschieht beispielsweise nachts, wenn Gebäude angestrahlt werden (▷ B 1). Wirft ein Gegenstand Licht zurück, spricht man von **Reflexion**.

Besonders gut wird das Licht von glatten Spiegeloberflächen reflektiert. Dabei werden die Strahlen im gleichen Winkel zum Lot reflektiert, wie sie auf den Spiegel eintreffen.

Aber auch unebene Oberflächen reflektieren das Licht. Hier gilt auch: der Reflexionswinkel ist gleich dem Einfallswinkel. Das reflektierte Licht wird aber in unterschiedliche Richtungen zerstreut, weil die Oberfläche uneben ist. Man spricht hier von einer **Streuung**.

Licht wird absorbiert

Du kannst in Bild 1 erkennen, dass einige Flächen das Licht gut reflektieren. Die schwarzen Flächen verschlucken jedoch das auftreffende Licht.

Wie viel Licht reflektiert wird, hängt von der Oberfläche ab, auf die das Licht trifft: Glatte und helle Oberflächen reflektieren Lichtstrahlen besser als matte und dunkle Oberflächen. Dunkle Flächen nehmen das Licht auf, sie **absorbieren** das Licht. Man spricht von **Absorption**.

Die Oberflächen von Körpern können Licht reflektieren und absorbieren.
Helle Flächen reflektieren Licht besser als dunkle Flächen. Dunkle Flächen absorbieren Licht. Unebene Flächen zerstreuen das Licht.

Aufgaben

1 Nenne Oberflächen, die das Licht besonders gut reflektieren. (💡 S. 115)

2 Richte das Licht einer Taschenlampe in einem abgedunkelten Raum nacheinander auf ein weißes Blatt, ein schwarzes Blatt, eine matte Plastikfolie, ein glattes Stück Alufolie und auf eine zerknitterte Alufolie. Was kannst du jeweils beobachten? Beschreibe und begründe.

3 Bei uns in Deutschland haben Häuser alle möglichen Farben. In Südeuropa dagegen sind viele Häuser weiß gestrichen (▷ B 2). Erkläre dies physikalisch.

Optik | Reflexion des Lichts 2

Sicherheit im Straßenverkehr

Bestimmt hast du in einer dunklen Nacht schon einmal beobachtet, dass die Augen von Katzen, Hasen oder anderen Tieren anscheinend „leuchten" können. Die physikalische Begründung für dieses Phänomen ist ganz einfach: Wenn Lichtstrahlen in die Augen dieser Tiere einfallen, dann werden diese Lichtstrahlen von einer Schicht kleinster Kristalle innerhalb der Augen der Tiere reflektiert.

Reflektoren

Die reflektierenden Katzenaugen sind das Vorbild für technische Reflektoren (Rückstrahler) wie in Bild 1. Solche Rückstrahler sind für alle Fahrzeuge gesetzlich vorgeschrieben. Reflektoren bestehen aus sehr vielen kleinen Spiegeln, die so angeordnet sind, dass sie die einfallenden Lichtstrahlen in die Richtung reflektieren, aus der sie ursprünglich gekommen sind. So kann man Reflektoren in der Dunkelheit auch aus großer Entfernung deutlich erkennen.

2 Kleidung mit Reflektoren

Sicherheit wird großgeschrieben

An der Kleidung von Feuerwehrleuten, Polizisten, Rettungsassistenten und Straßenbauarbeitern sind spezielle Reflexionsfolien angebracht (▷ B 2). Die Folien enthalten Millionen besonderer Kristalle, die das einfallende Licht reflektieren. In der Dunkelheit sind diese Personen im Scheinwerferlicht deutlich zu erkennen und dadurch besser geschützt.

Reflektoren enthalten winzige Spiegel oder Kristalle, die das Licht in die Richtung zurückwerfen, aus dem es ursprünglich gekommen ist.

Vorbild
hier: abgeschaut aus der Natur

Scheinwerferlicht
helles Licht einer Lampe, die sich z. B. am Auto befindet

1 Reflektor (Rückstrahler)

Aufgaben

1 Manche Kleidungsstücke sind mit Reflexionsfolien beschichtet. Nenne vier Berufe, bei denen diese Kleidung verwendet wird. (💡 S. 116)

2 Beschreibe die Aufgabe von Reflektoren.

3 Fertige in einem abgedunkelten Raum aus verschiedenen Richtungen Blitzlichtaufnahmen von einem verkehrssicheren Fahrrad an. Erkläre, wie die Reflektoren funktionieren.

2 WERKSTATT Optik | Lichtbrechung und Linsen

> Ich kann erklären wie eine Sammellinse funktioniert und wie ein Auge ein Bild erzeugt.

Versuche zur Lichtbrechung

Licht breitet sich geradlinig aus. Manchmal machen Lichtstrahlen aber einen „Knick". In den folgenden Versuchen findest du Beispiele für diese Erscheinung.

1 Münzenstechen

Material
Glaswanne, Röhrchen, dünner Stab (der durch das Röhrchen passt), Stativ, Münze, Wasser

Versuchsanleitung
a) Lege die Münze auf den Boden der Glaswanne.
b) Spanne das Röhrchen in das Stativ ein und richte es so aus, dass du die Münze durch das Röhrchen sehen kannst (▷ B 1).
c) Stecke den Stab durch das Röhrchen und versuche, die Münze zu treffen.
d) Fülle nun Wasser in die Glaswanne.
e) Richte das Röhrchen erneut aus (achte darauf, dass das Röhrchen nicht in das Wasser eintaucht). Was beobachtest du beim erneuten Versuch, die Münze zu treffen? Finde eine Erklärung für deine Beobachtungen.

2 Übergang von Luft in Glas

Material
Kreisscheibe, Optikleuchte, halbkreisförmiger Glaskörper

Versuchsanleitung
a) Befestige den Glaskörper an der Kreisscheibe.
b) Richte den Lichtstrahl der Optikleuchte so aus, dass er senkrecht auf die Mitte der ebenen Fläche des Glaskörpers trifft (▷ B 2, Stellung A). Beschreibe den weiteren Verlauf des Lichtstrahls durch das Glas.
c) Verschiebe die Optikleuchte so, dass der Lichtstrahl schräg auf die Mitte der ebenen Fläche des Glaskörpers trifft (▷ B 2, Stellung B). Beschreibe den Verlauf des Lichtstrahls durch das Glas.
d) Richte nun den Lichtstrahl der Optikleuchte aus drei unterschiedlichen Winkeln auf die Mitte der ebenen Oberfläche des Glaskörpers. Miss die Winkel der Lichtstrahlen in dem Glaskörper. Notiere deine Ergebnisse in einer Tabelle.

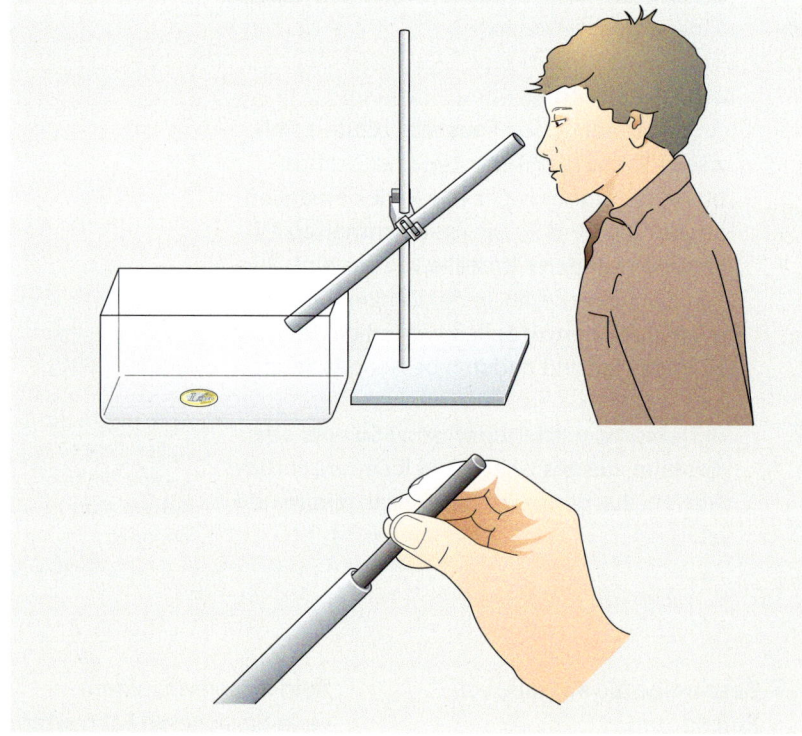

1 Münzenstechen

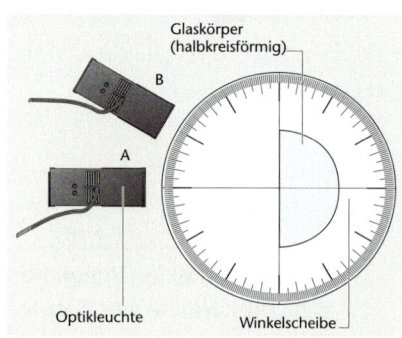

2 Lichtbrechung beim Übergang von Luft in Glas

Die Brechung des Lichts

Geknickte Lichtstrahlen

Der Trinkhalm im Wasserglas sieht geknickt aus, obwohl er selbst immer noch gerade ist (▷ B 2). Wenn du den Knick genauer beobachtest, erkennst du, dass er nur an der Wasseroberfläche entsteht. An dieser Stelle werden die Lichtstrahlen aus ihrer Richtung abgelenkt. Man sagt, dass die Lichtstrahlen an der Grenzfläche zwischen dem Wasser und der Luft gebrochen werden.

Wie wird das Licht gebrochen?

Ein Lichtstrahl wird beim Eintritt von Luft in Wasser aus seiner Richtung abgelenkt. Das Gleiche geschieht beim Übergang von Luft in Glas. Luft und Glas haben eine unterschiedliche **optische Dichte**. Luft ist ein optisch dünner Stoff, Glas ist ein optisch dichter Stoff. Wenn ein Lichtstrahl von einem optisch dünnen Stoff (z. B. Luft) in einen optisch dichten Stoff (z. B. Glas) übertritt, dann wird er immer zum Lot hin gebrochen (▷ B 1). Das Lot ist eine senkrechte Linie auf der Oberfläche des Glases. Der Winkel zwischen dem einfallenden Lichtstrahl und dem Lot (Einfallswinkel α) ist größer als der Winkel zwischen dem gebrochenen Lichtstrahl und dem Lot (Brechungswinkel β).

Die umgekehrte Beobachtung machst du, wenn ein Lichtstrahl vom Glas in die Luft übertritt. Wenn ein Lichtstrahl von einem optisch dichten Stoff (z. B. Glas) in einen optisch dünnen Stoff (z. B. Luft) übertritt, dann wird er immer vom Lot weg gebrochen. Der Einfallswinkel ist kleiner als der Brechungswinkel.

Beim Übergang von einem optisch dünnen Stoff in einen optisch dichten Stoff wird ein Lichtstrahl zum Lot hin gebrochen.

Beim Übergang von einem optisch dichten Stoff in einen optisch dünnen Stoff wird ein Lichtstrahl vom Lot weg gebrochen.

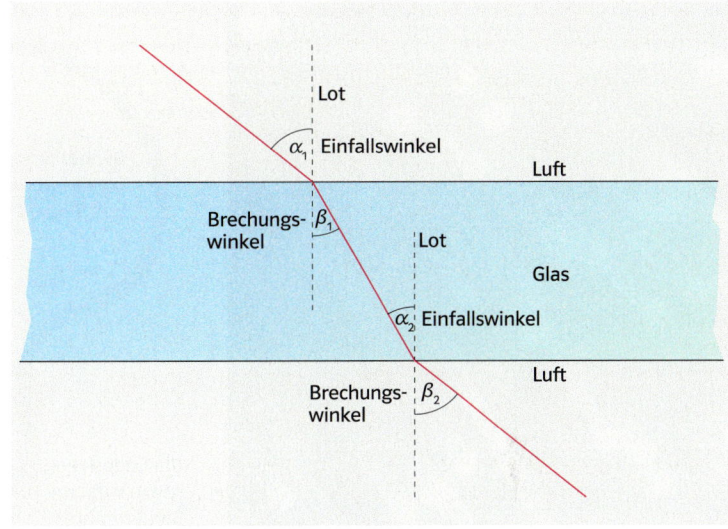

1 Lichtbrechung an der Grenzfläche zwischen Luft und Glas

2 Ein Knick im Trinkhalm?

optisch dünner Stoff
Stoff mit einer kleineren optischen Dichte

optisch dichter Stoff
Stoff mit einer größeren optischen Dichte

Aufgaben

1. Beschreibe, wie die Lichtstrahlen beim Übergang von Luft in Glas und beim Übergang vom Glas in Luft gebrochen werden. (💡 S. 116)

2. Begründe mithilfe der Brechung, warum der Trinkhalm in Bild 1 geknickt erscheint.

3. Beim Übergang von Luft in Wasser hat ein Lichtstrahl einen Einfallswinkel von 45°. Der Brechungswinkel beträgt dann 33°. Erstelle eine Zeichnung ähnlich zu Bild 2.

2 Optik | Lichtbrechung und Linsen

5yu4ye

Totalreflexion

1 Glasfasern leiten das Licht.

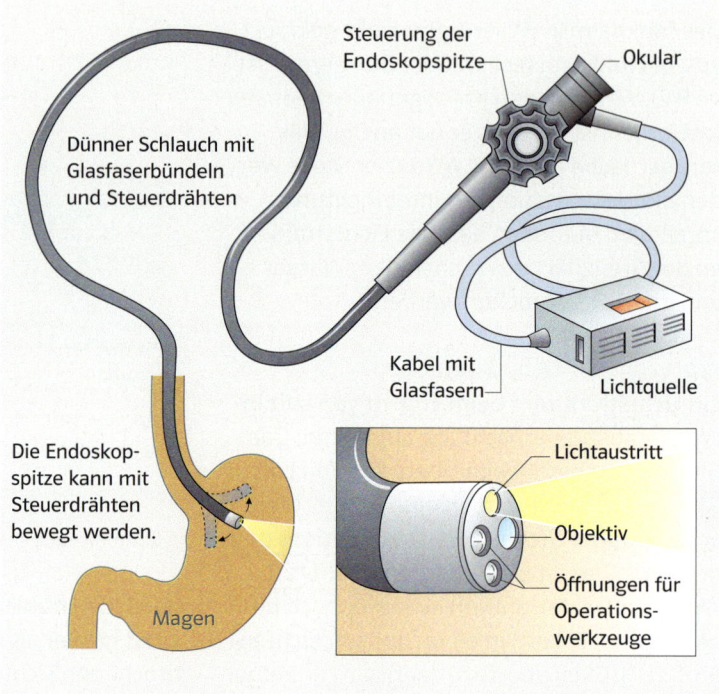

2 Ein Endoskop

Von der Brechung zur Reflexion

Wenn ein Lichtstrahl vom Glas in die Luft übertritt, dann wird er vom Lot weg gebrochen. Der Brechungswinkel ist dabei größer als der Einfallswinkel. (▷ V 1a). Wenn du den Einfallswinkel immer weiter vergrößerst, erreicht der Brechungswinkel schließlich einen Wert von 90° (▷ V 1b). Das bedeutet, dass ab jetzt der Lichtstrahl das Glas nicht mehr verlassen kann. Stattdessen wird der Lichtstrahl nun zurück in das Glas reflektiert. Man nennt diesen Effekt **Totalreflexion** des Lichts.

Die Totalreflexion gibt es nur, wenn ein Lichtstrahl von einem optisch dichten Stoff in einen optisch dünnen Stoff übertritt. Deshalb kann Totalreflexion auch beim Übergang von Wasser in Luft auftreten.

Lichtleiter

Glasfasern bestehen aus sehr klarem Glas. Wenn das Wasser so durchsichtig wäre wie eine Glasfaser, dann könntest du den Grund eines Ozeans in 10 000 m Tiefe sehen.

Wird Licht in eine Glasfaser geschickt, dann kann es aufgrund der Totalreflexion die Wände der Glasfaser nicht verlassen. Es wird innerhalb der Glasfaser hin und her reflektiert und kann erst am Ende wieder austreten (▷ B 1).

Glasfasern können Bilder und Daten über weite Strecken übertragen, ohne dass das Signal zwischendurch verstärkt werden muss. Die Datenmenge, die ein Lichtleiter übertragen kann, ist viel größer als bei einem Kabel aus Kupfer. Ein großer Teil der Daten, die zwischen Europa und Nordamerika ausgetauscht werden, leitet man über Glasfaserkabel am Grund des Atlantiks.

Glasfasern in der Medizin

Ein Endoskop erspart dem Patienten oft aufwendige Operationen. Bei einer Magenuntersuchung wird dem Patienten ein

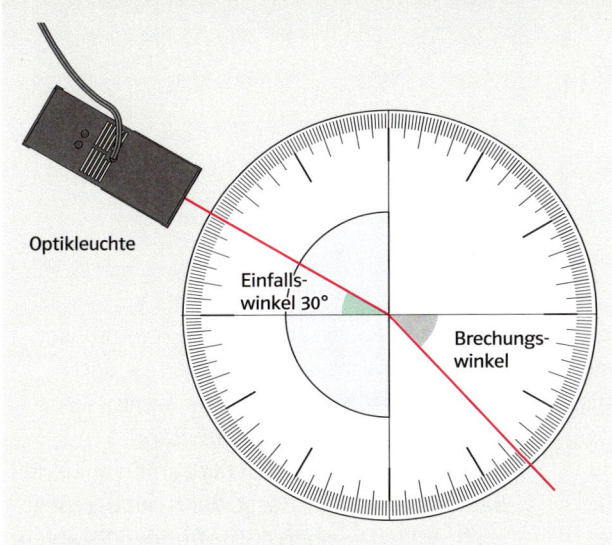
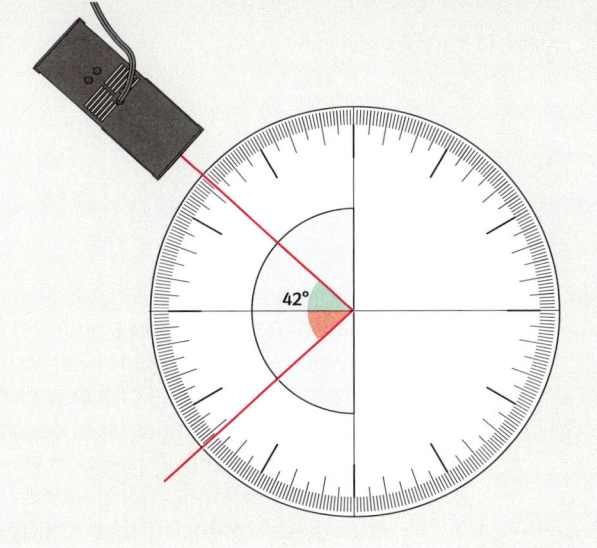

3 Lichtbrechung beim Übergang von Glas in Luft

4 Totalreflexion

dünner Schlauch durch die Speiseröhre in den Magen eingeführt. Der Schlauch enthält mehrere Glasfaserbündel, die das Licht leiten können (▷ B 2).

Durch eines dieser Bündel wird Licht in den Magen eingeleitet. Die Magenwände reflektieren das Licht, und ein anderes Glasfaserbündel überträgt das Licht aus dem Magen auf ein Okular am Ende des Endoskops. Auf diese Weise kann der Arzt den Magen untersuchen, ohne ihn zu öffnen. Andere Endoskope haben an ihren Enden kleine Operationswerkzeuge. Damit kann der Arzt chirurgische Eingriffe durchführen, ohne den Körper des Patienten durch eine große Operation zu belasten.

Ab einem bestimmten Winkel wird ein Lichtstrahl beim Übergang von einem optisch dichten in einen optisch dünnen Stoff vollständig reflektiert. Diese Erscheinung heißt Totalreflexion.

Aufgaben

1 Was passiert mit einem Lichtstrahl bei der Totalreflexion? Beschreibe. (💡 S. 116)

2 Zähle die Vorteile auf, die ein Glasfaserkabel gegenüber einem Kupferkabel hat. (💡 S. 116)

3 Begründe, warum ein Lichtstrahl einen Lichtleiter nur an seinem Ende verlassen kann.

4 Teile den Text von Zeile 1 bis 18 in sinnvolle Abschnitte ein. Finde dann zu jedem Sinnabschnitt eine passende Überschrift.

5 Wenn du von unten auf die Wasseroberfläche eines Aquariums schaust, siehst du wie in einem Spiegel den Boden des Aquariums. Erkläre, wie dieser Effekt zustande kommt.

Versuch

1 Fertige zu dem folgendem Versuch ein Protokoll an.
a) Befestige einen Glaskörper an der Kreisscheibe (▷ B 3). Richte den Lichtstrahl einer Optikleuchte so aus, dass er einen Winkel von 30° zum Lot hat. Messe den Brechungswinkel.
b) Verschiebe die Optikleuchte so, dass der Einfallswinkel immer größer wird. Bestimme den Einfallswinkel, bei dem du keinen gebrochenen Lichtstrahl mehr erkennen kannst. Beschreibe, was stattdessen mit dem Lichtstrahl passiert.

2 Optik | Lichtbrechung und Linsen

5yu4ye

Wie funktioniert eine Linse?

Linsen aus Glas

Vielleicht hast du schon einmal versucht, mit einem Brennglas ein Feuer zu machen. Betrachte einmal die Form eines Brennglases genauer. Das Brennglas ist in der Mitte dicker als am Rand. Diese Form kennst du aus der Natur vom Linsengemüse (▷ B 3). Auch diese Linsen sind in der Mitte dicker als am Rand. Deshalb nennt man solche Körper aus Glas oder Kunststoff ebenfalls **Linsen**.

*Brennglas
ein Gegenstand aus Glas, der Sonnenlicht stark bündel kann*

Sammellinsen

Durch ihre Form sammeln die Brenngläser das Sonnenlicht. Daher werden sie auch **Sammellinsen** genannt. Eine Sammellinse ist in der Mitte dicker als am Rand.

Wenn du parallele Lichtstrahlen auf eine Sammellinse fallen lässt, dann beobachtest du (▷ V 1a): Die oben auftreffenden Strahlen werden nach unten gebrochen, die unteren Lichtstrahlen werden nach oben gebrochen. Lichtstrahlen, die auf die Mitte der Linse treffen, laufen geradlinig weiter. Alle parallel einfallenden Lichtstrahlen treffen sich hinter der Sammellinse in einem Punkt. In ihm wird das gesamte einfallende Licht konzentriert (▷ B 1, oben). Dort kann es sehr heiß werden. Man nennt diesen Punkt deshalb **Brennpunkt (F)**.

Brennpunkt und Brennweite

In Versuch 1b hast du den Brennpunkt bei verschiedenen Sammellinsen bestimmt. Bei unterschiedlich dicken Sammellinsen ist er unterschiedlich weit von der Linse entfernt. Den jeweiligen Abstand zwischen dem Brennpunkt und der Sammellinse nennt man **Brennweite (f)**.

Eine dickere Sammellinse bricht die Lichtstrahlen stärker als eine dünnere Linse. Bei einer dickeren Sammellinse liegt deshalb der Brennpunkt näher an der Linse und die Brennweite ist kleiner. Bei dünneren Linsen ist die Brennweite größer.

Eine Linse zerstreut das Licht

Es gibt auch Linsen, die in der Mitte dünner als am Rand sind. In Versuch 2 lässt du paralleles Licht auf eine solche Linse fallen. Diesmal werden die Lichtstrahlen hinter der Linse nicht zu einem Punkt vereinigt. Im Gegenteil: Hinter der Linse laufen die Lichtstrahlen auseinander (▷ B 1, unten). Diese Linsen zerstreuen das einfallende parallele Licht, entsprechend heißen sie **Zerstreuungslinsen**. Wenn du die zerstreuten Lichtstrahlen hinter der

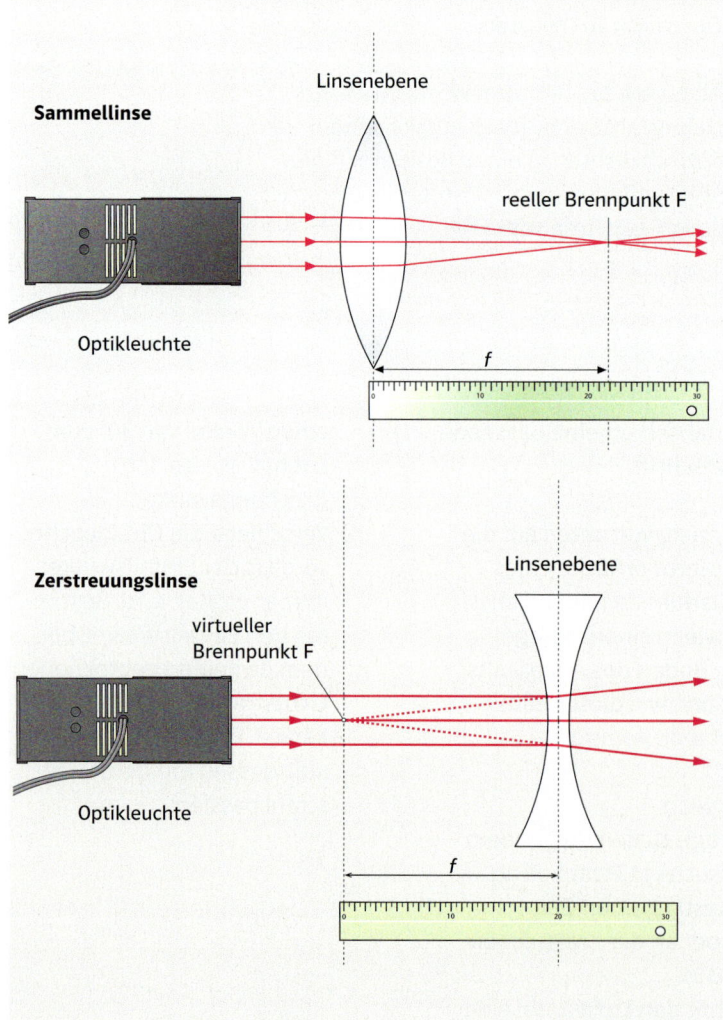

1 Optische Linsen und Brennpunkte

2 Optische Linsen

Linse in Gedanken zurück verlängerst, dann treffen sich auch diese Linien in einem Punkt. Da dieser Punkt durch die gedachten Linien entsteht, heißt er **virtueller Brennpunkt** (scheinbarer Brennpunkt).

Sammellinsen sind in der Mitte dicker als am Rand. Sie vereinigen parallele Lichtstrahlen in einem Punkt. Dieser Punkt heißt Brennpunkt.
   Zerstreuungslinsen sind in der Mitte dünner als am Rand. Sie zerstreuen parallel einfallende Lichtstrahlen. Zerstreuungslinsen haben einen virtuellen Brennpunkt.

3 Linsen – ein Gemüse

Aufgaben

1 Beschreibe die Form von Sammellinsen und Zerstreuungslinsen. (S. 116)

2 Gib den Zusammenhang zwischen der Linsenform und der Brennweite einer Sammellinse an. (S. 116)

3 Erkläre die Begriffe Brennpunkt und Brennweite.

4 Erkläre den Unterschied zwischen dem Brennpunkt einer Sammellinse und dem virtuellen Brennpunkt einer Zerstreuungslinse.

5 Du kannst zwei Sammellinsen hintereinander anordnen. Welche Brennweite hat eine solche Linsenkombination im Vergleich zu den Brennweiten der einzelnen Linsen? Begründe deine Antwort.

Versuche

1
a) Erzeuge mithilfe einer Experimentierleuchte parallele Lichtstrahlen. Lass diese Lichtstrahlen auf eine Sammellinse fallen (▷ B 1). Zeichne den Verlauf der Lichtstrahlen hinter der Linse auf.

b) Tausche die Sammellinse gegen eine dickere oder dünnere Sammellinse aus. Stelle eine Vermutung auf, was nun mit den parallel auftreffenden Lichtstrahlen geschieht. Überprüfe deine Vermutung.

c) Vergleiche die Ergebnisse von a) und b) und formuliere sie in einem „Je…, desto…"-Satz.

2 Tausche die Sammellinse gegen eine Zerstreuungslinse aus und wiederhole damit Versuch 1.

2 Optik | Lichtbrechung und Linsen

5yu4ye

Bilder durch Linsen

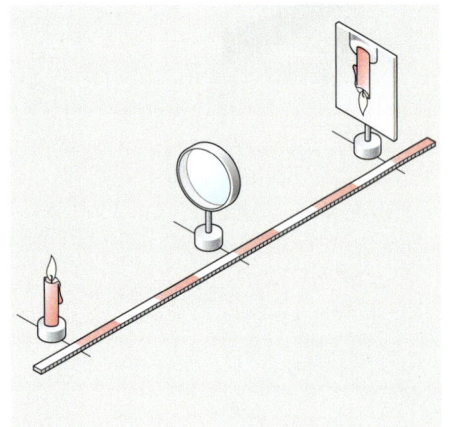

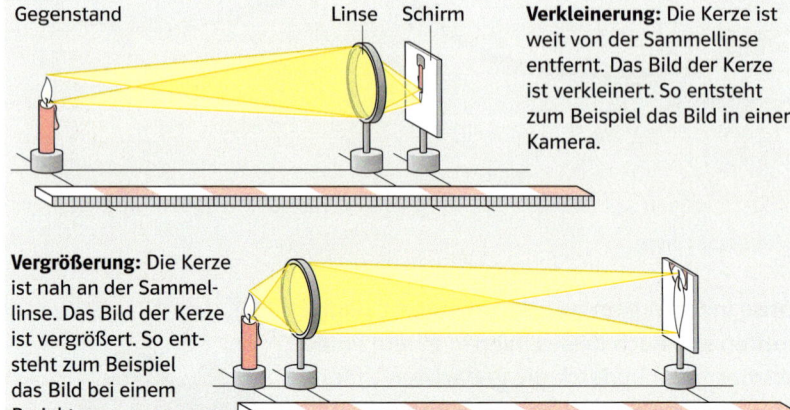

Verkleinerung: Die Kerze ist weit von der Sammellinse entfernt. Das Bild der Kerze ist verkleinert. So entsteht zum Beispiel das Bild in einer Kamera.

Vergrößerung: Die Kerze ist nah an der Sammellinse. Das Bild der Kerze ist vergrößert. So entsteht zum Beispiel das Bild bei einem Projektor.

1 Linsen erzeugen Bilder.

2 Entstehung verkleinerter und vergrößerter Bilder an einer Sammellinse

Sammellinsen erzeugen Bilder
Sammellinsen findet man in fast allen optischen Geräten (z. B. Kamera, Beamer). Bild 1 und Versuch 1 zeigen dir, dass eine Sammel-
5 linse ein Bild erzeugen kann. Das Bild steht auf dem Kopf. Pustest du von der Seite gegen die Kerze, bewegt sich das Bild entgegengesetzt: Das Bild ist auch seitenverkehrt.

Deutliche und scharfe Bilder
10 Du erhältst nur dann ein deutliches und scharfes Bild von der Kerze, wenn der Schirm den richtigen Abstand von der Sammellinse hat. Ist der Schirm zu nah an der Sammellinse oder zu weit entfernt, wird das Bild der
15 Kerze undeutlich und unscharf.

Große und kleine Bilder
Auch der Abstand zwischen Kerze und Sammellinse ist wichtig: Wenn du den Abstand zwischen der Kerze und der Sammellinse
20 veränderst, dann erkennst du, dass sich die Größe des Bilds verändert (▷ B 2).

**Sammellinsen erzeugen Bilder. Die Bilder sind seitenverkehrt und stehen auf dem Kopf. Sammellinsen können vergrößern und
25 verkleinern.**

Aufgaben
1 Du betrachtest das Bild einer Kerze, das durch eine Sammellinse entsteht. Die Kerze ist weit von der Linse entfernt. Beschreibe die Eigenschaften des Bilds. (💡 S. 116)

2 Auch ein Fotoapparat enthält eine Sammellinse. Stelle eine Vermutung auf, welche Aufgabe diese Linse hat.

3 Ein Zoomobjektiv in einem Fotoapparat kann große und kleine Bilder erzeugen. Überlege dir, wie dies möglich ist.

Versuch
 1
a) Baue den Versuch wie in Bild 1 auf. Verschiebe den Schirm so lange, bis darauf ein deutliches Bild der Kerze zu sehen ist.

b) Vergrößere nun die Entfernung zwischen der Kerze und der Sammellinse. Wie musst du den Schirm verschieben, um ein deutliches Bild der Kerze zu erhalten? Beschreibe.

c) Nähere die Kerze der Sammellinse. Beschreibe, wie sich das Bild verändert.

Optik | Lichtbrechung und Linsen **WERKSTATT 2**

Das Tennisball-Auge

Material (▷ B 1)
Tennisball, Sammellinse aus Glas oder Acrylglas (Brennweite ca. 45 mm, Durchmesser ca. 25 mm), Transparentpapier, dünne Pappe, Alleskleber, Klebefilm, Puk-Säge, Lineal, Schere

1 Material Tennisauge (bereits zugeschnitten)

Versuchsanleitung
a) Halte den Tennisball mit einer Hand gut fest und säge mit der Puk-Säge den Tennisball an einer Seite auf (▷ B 2). Diese Öffnung im Tennisball soll einen Durchmesser von ca. 35 mm haben.
b) Säge genau gegenüber ein zweites Stück aus dem Tennisball heraus. Achte darauf, dass der Abstand der beiden Schnitte der Brennweite der Linse entspricht.
c) Schneide jetzt aus der dünnen Pappe eine Scheibe aus. Der Durchmesser muss so groß sein wie die kleine Öffnung im Tennisball. Schneide in diese Scheibe ein Loch mit einem Durchmesser von ca. 20 mm. Befestige darin die Linse mit mehreren kleinen Klebestreifen.
d) Schneide jetzt eine zweite Scheibe aus der Pappe und eine Scheibe aus dem Transparentpapier aus. Beide müssen den Durchmesser der großen Öffung im Tennisball haben. Schneide in die Pappscheibe ein Loch, sodass ein Ring entsteht. Klebe dann das Transparentpapier auf den Ring.
e) Klebe die beiden Pappscheiben mit der Linse und dem Transparentpapier auf die Öffnungen des Tennisballs (▷ B 3). Warte, bis der Klebstoff getrocknet ist.
f) Richte dein Modellauge auf helle Gegenstände und beobachte das Bild auf dem Transparentpapier (▷ B 4).

Tipp: Ist das Bild bei deinem Modellauge unscharf? Dann stimmt der Abstand zwischen der Linse und dem Transparentpapier nicht. Ist der Abstand zu groß, ist dein Modellauge kurzsichtig. Ist der Abstand zu klein, ist dein Modellauge weitsichtig.
Halte verschiedene Brillen vor das fehlsichtige Auge. Mit der richtigen Brille kannst du die Fehlsichtigkeit beheben.
g) Gehe mit deinem Modellauge näher an die Gegenstände heran und entferne dich wieder. Beschreibe, wie sich das Bild auf dem Transparentpapier ändert.

Aufgaben
1. Welche Linsenform muss ich vor das Modellauge halten, wenn der Abstand zwischen der Linse und dem Schirm zu groß ist? Begründe.
2. Ordne zu, welche Teile des menschlichen Auges den folgenden Teilen des Modellauges entsprechen: Transparentpapier, Sammellinse, Pappscheibe um die Linse, Tennisball.

2 aufgeschnittener Tennisball

3 Modellauge von vorn

4 Modellauge in Funktion

Auge und Brille

1 Brillen helfen bei einer Sehschwäche.

Wie erzeugt das Auge ein Bild?

Wir sehen nur die Gegenstände, von denen Lichtstrahlen in unsere Augen fallen. In Bild 4 ist der Verlauf der Lichtstrahlen in einem Auge dargestellt. Nach dem Durchgang durch die Hornhaut fallen die Lichtstrahlen in die Pupille. Die Iris verkleinert oder vergrößert die Pupille, damit regelt sie den Lichteinfall ins Auge bei verschiedenen Helligkeiten (▷ V 1).

Danach werden die Lichtstrahlen in der Augenlinse gebrochen. Sie hat die Form einer Sammellinse und bricht die Lichtstrahlen so, dass auf der Netzhaut ein deutliches Bild des Gegenstands entsteht. Dieses Bild ist seitenverkehrt und steht auf dem Kopf. Sehzellen in der Netzhaut nehmen das Bild auf und geben es als Nervenimpulse an das Gehirn weiter.

Nervenimpuls Signal, das von Nerven ausgesendet wird

Nahes und Fernes

Du kannst sowohl nahe als auch weit entfernte Gegenstände deutlich sehen (▷ V 2). Das ist nur möglich, weil die Augenlinse elastisch ist und ihre Form ändern kann. Bei einem nahen Gegenstand muss die Augenlinse die Lichtstrahlen stark brechen. Der Ziliarmuskel (▷ B 4) spannt sich dafür an und die Augenlinse krümmt sich stärker. Bei weit entfernten Gegenständen entspannt sich der Ziliarmuskel und die Augenlinse wird flacher. Die Augenlinse krümmt sich immer so, dass auf der Netzhaut ein deutliches Bild entsteht. Die Anpassung des Auges an die verschiedenen Entfernungen nennt man Akkomodation.

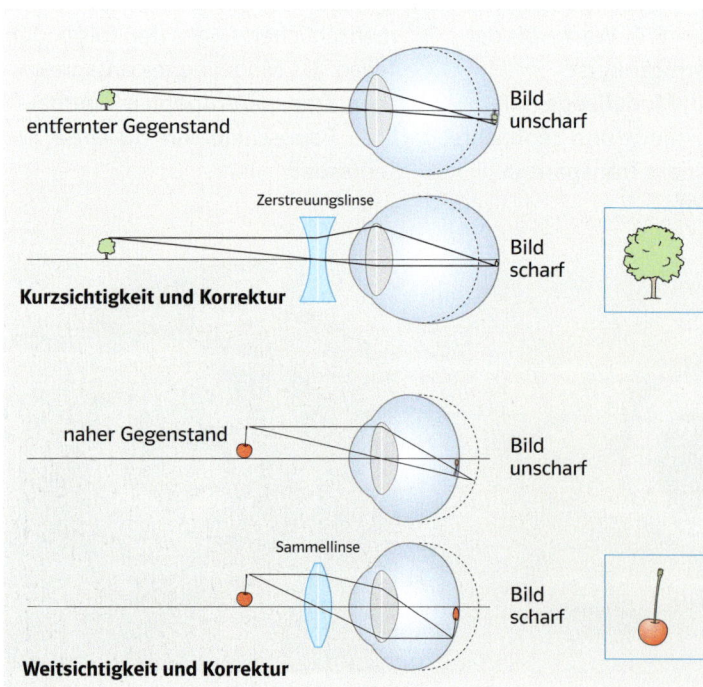

2 Korrektur der Kurzsichtigkeit und Weitsichtigkeit

3 Zu Aufgabe 4

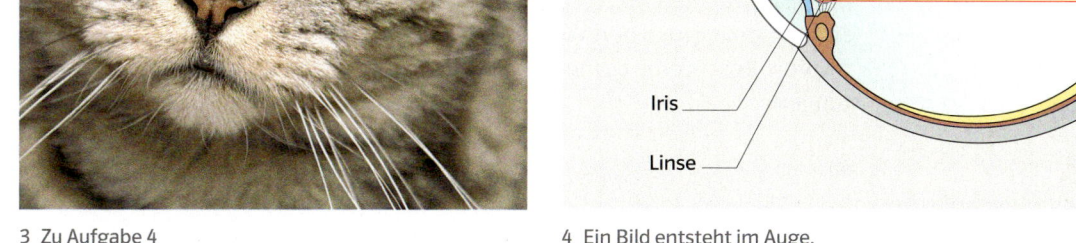

4 Ein Bild entsteht im Auge.

Wer braucht eine Brille?

Menschen mit einer Sehschwäche kann man meist mit einer Brille helfen (▷ B 1). Wer Fernes unscharf und Nahes scharf sehen kann, ist kurzsichtig. Bei der **Kurzsichtigkeit** ist der Augapfel etwas zu lang, und das scharfe Bild liegt vor der Netzhaut (▷ B 2). Mit einer Zerstreuungslinse als Brille werden die Lichtstrahlen so gebrochen, dass das scharfe Bild wieder auf der Netzhaut liegt.

Bei manchen Menschen ist der Augapfel etwas zu kurz. Bei der sogenannten **Weitsichtigkeit** liegt das scharfe Bild hinter der Netzhaut. Mit einer Sammellinse lassen sich die Lichtstrahlen schon vor dem Auge so bündeln, dass das scharfe Bild wieder auf der Netzhaut liegt.

Die Pupille und die Augenlinse erzeugen ein deutliches Bild auf der Netzhaut. Durch Zerstreuungslinsen und Sammellinsen können die Kurzsichtigkeit und die Weitsichtigkeit behoben werden.

Sehschwäche
schlechte Sehkraft

Aufgaben

1 Nenne die Linsenarten, mit denen man die Kurzsichtigkeit und die Weitsichtigkeit korrigieren kann. (💡 S. 116)

2
a) Beschreibe, was in deinem Auge passiert, wenn du einen nahen und einen weit entfernten Gegenstand betrachtest. (💡 S. 116)
b) Begründe, warum du nicht gleichzeitig einen nahen und einen weit entfernten Gegenstand deutlich sehen kannst.

3 Beschreibe mithilfe von Bild 4 den Verlauf der Lichtstrahlen durch das Auge.

4 Eulen und Katzen haben Augen mit einer besonders großen Pupille (▷ B 3). Finde eine Erklärung dafür.

5 Finde heraus, wie bei älteren Menschen die sogenannte Altersweitsichtigkeit entsteht.

Versuche

1 Schließe ein Auge und bedecke es mit der Hand. Wende dich dabei zum Fenster oder zu einer Lampe. Nach ca. 10 Sekunden beobachtet eine Mitschülerin oder ein Mitschüler deine Pupille beim Öffnen deines Auges.

2 Schließe ein Auge und halte einen Stift ca. 20 cm vor das geöffnete Auge. Beobachte den Stift und den Hintergrund. Gelingt es dir, beides gleichzeitig deutlich zu sehen? Beschreibe.

2 WERKSTATT Optik | Geräte und Anwendungen

Ich kann den Aufbau, die Funktion und den Einsatz von optischen Geräten beschreiben.

Versuche mit der Lupe

1 Ein Wassertropfen als Lupe
Material
große Sicherheitsnadel, dünner Trinkhalm oder Pipette, Klarsichthülle, Zeitungspapier

Versuchsanleitung
a) Lege ein Stück Zeitungspapier in eine Klarsichthülle. Tropfe mit dem dünnen Trinkhalm oder mit der Pipette einige Tropfen Wasser auf die Hülle. Versuche dabei, unterschiedlich große Wassertropfen zu erzeugen. Betrachte den Zeitungstext unter den unterschiedlich großen Wassertropfen. Beschreibe, was dir auffällt.
b) Gib einen Wassertropfen in die Öse einer großen Sicherheitsnadel (▷ B 1). Beschreibe die Form des Tropfens in der Öse der Sicherheitsnadel. Betrachte anschließend den Zeitungstext durch den Wassertropfen. Beschreibe deine Beobachtungen.

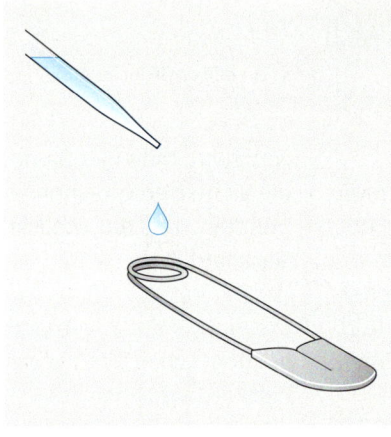

1 Zu Versuch 1b

2 Lupen mit unterschiedlichen Vergrößerungen
Material
verschiedene Lupen, Blatt Millimeterpapier oder kariertes Papier

Versuchsanleitung
a) Lege zunächst eine Lupe direkt auf das Millimeterpapier oder auf das karierte Papier (▷ B 3). Betrachte das Papier durch die Lupe. Verändere dann den Abstand zwischen Lupe und Papier. In welchem Abstand ergibt sich die stärkste Vergrößerung? Beschreibe deine Beobachtungen.
b) Wiederhole den Versuchsteil a) mit den anderen Lupen und vergleiche ihre Vergrößerungen. Beschreibe die Form der Lupen, die am stärksten vergrößern.

3 Zu Versuch 2

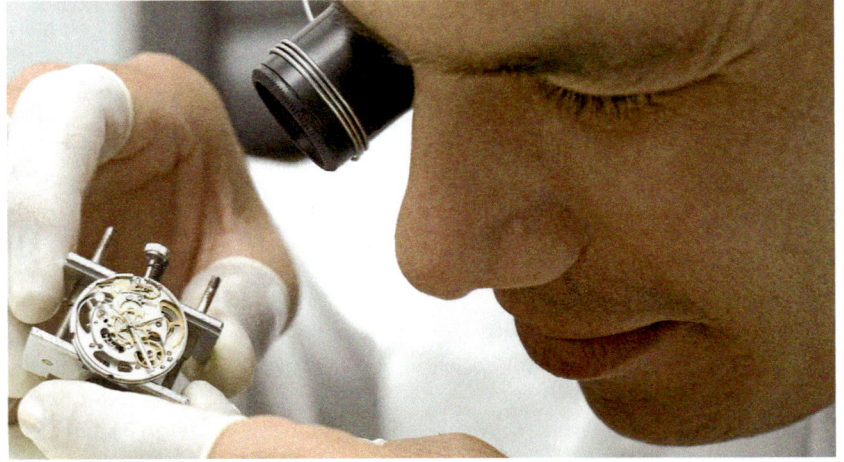

2 Zu Aufgabe 1: Ein Uhrmacher bei der Arbeit

Aufgaben

1
a) Informiere dich, in welchen Berufen man mit Lupen arbeitet.
b) Recherchiere, welche Vergrößerungen die Lupen für bestimmte Berufsgruppen erreichen.

2 Deine Familie nimmt an einem Natur-Erlebnistag teil. An einer Station fehlen die Lupen. Erkläre, wie das Reise-Nähset helfen kann.

Die Lupe

1 Ein Wassertropfen wirkt wie eine Sammellinse.

2 Leselupe

3 Einschlaglupe

Die Lupe – eine Sammellinse im Einsatz

In Bild 1 siehst du einen Wassertropfen auf einer Zeitung. Betrachtest du ganz genau die Form des Wassertropfens, dann erkennst du: Der Wassertropfen ist in der Mitte dicker als am Rand. Damit besitzt der Wassertropfen eine ähnliche Form wie eine Sammellinse. Deshalb kannst du den Zeitungstext durch einen Wassertropfen vergrößert sehen.

Eine Lupe enthält eine Sammellinse. Deshalb kannst du mit einer Lupe einen Text vergrößern (▷ B 2).

Lupen für verschiedene Zwecke

Eine Leselupe (▷ B 2) vergrößert den Text etwa auf das Dreifache. Man sagt: Der **Vergrößerungsfaktor** ist 3.

Mit einer Becherlupe erscheint der Text 4-mal größer, mit einer Einschlaglupe (▷ B 3) bis zu 16-mal größer.

Unterschiedliche Lupen enthalten verschieden geformte Sammellinsen. Eine dicke Linse mit einer kleinen Brennweite besitzt einen hohen Vergrößerungsfaktor. Eine Lupe mit einer dicken Linse benutzt man oft für Untersuchungen im naturwissenschaftlichen Bereich.

Eine flache Sammellinse mit einer großen Brennweite befindet sich beispielsweise in einer Leselupe. Ihr Vergrößerungfaktor ist kleiner, dafür kann man aber größere Textausschnitte betrachten.

Eine Lupe enthält eine Sammellinse. Mit einer Lupe lassen sich Gegenstände vergrößert betrachten.
Der Vergrößerungsfaktor gibt an, wie viel Mal größer wir das Bild sehen können.

Aufgaben

1 Gib den Vergrößerungsfaktor einer Becherlupe und einer Einschlaglupe an.

2 Begründe, warum eine Leselupe eine flache Sammellinse mit einer großen Brennweite hat.

3 Die Brennweite einer Lupe soll mit einem Versuch bestimmt werden. Beschreibe, wie du dabei vorgehst.

Die Kamera – ein technisches Auge

1 Verschiedene Kameras

Bestandteile einer Kamera

Den Aufbau einer Kamera kann man mit dem Aufbau des menschlichen Auges vergleichen (▷ B 2).

Das **Objektiv** der Kamera ist ein besonderes Linsensystem. Es entspricht der Linse im Auge und erzeugt seitenverkehrte und auf dem Kopf stehende Bilder.

In einer analogen Kamera werden diese Bilder auf einem Film aufgefangen. Moderne digitale Kameras benötigen keinen Film mehr. Digitale Kameras sammeln die Lichtstrahlen auf einem Sensor und speichern dann das Bild auf einem Chip.

Linsensystem
mehrere Linsen, die zusammenarbeiten

Die Funktion der Blende

Eine **Blende** regelt, wie viel Licht in die Kamera fällt. Die Pupille in unserem Auge hat eine ähnliche Aufgabe: Die Pupille schützt das Auge vor zu viel Licht, indem sie sich verkleinert. Wenn es hingegen dunkler wird, dann weitet sich die Pupille, damit mehr Licht in unser Auge fällt.

Der Aufbau einer Kamera ähnelt dem Aufbau des menschlichen Auges. Auch die Kamera erzeugt ein seitenverkehrtes und auf dem Kopf stehendes Bild.

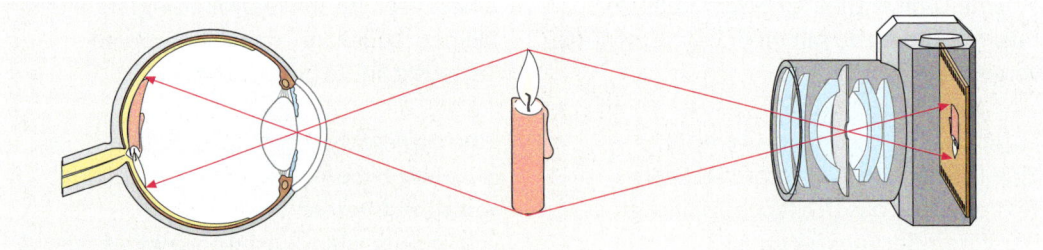

2 Auge und Kamera im Vergleich

Aufgaben

1 Beschreibe den Unterschied zwischen einer digitalen und einer analogen Kamera. (S. 116)

2 Vergleiche die wesentlichen Bestandteile einer Kamera mit den Bestandteilen eines menschlichen Auges (▷ B 2). Fertige dazu eine übersichtliche Tabelle an.

● 3 Besorge dir verschiedene Prospekte für Kameras. Vergleiche die verschiedenen Besonderheiten der Kameras. Präsentiere diese Besonderheiten deiner Klasse.

Kameras früher und heute

Die Geschichte der Fotografie

Der Vorläufer aller Fotoapparate ist die Camera obscura (Lochkamera). Bereits im 13. Jahrhundert wurde sie benutzt, um die Sonne zu beobachten. Mit einer solchen Lochkamera konnte man Landschaften naturgetreu nachzeichnen (▷ B 1).

Im 16. Jahrhundert setzte man Sammellinsen in die Öffnung der Lochkameras ein. Das Bild wurde dadurch gleichzeitig deutlicher und heller.

Erstmals konnte der FRANZOSE JOSEPH NIÈPCE (1765 – 1833) ein Bild dauerhaft festhalten. Er benutzte eine Metallplatte, die er mit lichtempfindlichen Chemikalien beschichtet hatte. Das vermutlich erste Foto der Welt entstand im Jahr 1826 und zeigt die Aussicht aus seinem Arbeitszimmer (▷ B 2). Die Entstehung des Bilds dauerte aber viele Stunden lang.

LOUIS DAGUERRE (1787 – 1851) erreichte, dass die langen Belichtungszeiten von NIÈPCES Bildern auf wenige Minuten reduziert wurden. Ab 1837 war es mit Daguerres Verfahren möglich, auch Porträts von Menschen aufzunehmen.

Um 1839 gelang es WILLIAM TALBOT (1800 – 1877) von einer Fotoplatte beliebig viele Bilder zu entwickeln. Nach seinem Verfahren werden auch heute noch Fotografien erstellt.

Analog und digital

Die meisten heute verkauften Fotoapparate sind Digitalkameras. In ihnen entsteht das Bild mithilfe eines lichtempfindlichen Sensors. In digitalisierter Form kann es auf einer Speicherkarte gespeichert werden. Digitale Bilder kannst du auf einen Computer laden und beliebig bearbeiten. Damit hat man viel größere Gestaltungsmöglichkeiten, allerdings lassen sich digitale Bilder auch leichter manipulieren.

> **naturgetreu**
> wie in der Wirklichkeit
>
> **Belichtungszeit**
> die Zeit, in der ein Bild/Foto aufgenommen wurde
>
> **Verfahren**
> Methode, wie etwas gemacht wird

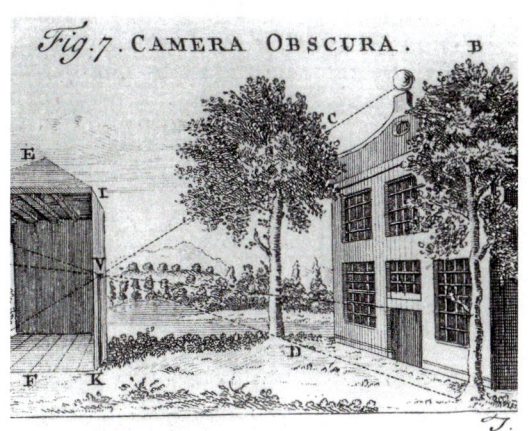

1 Landschaften malen mit der Camera obscura

2 Das vermutlich erste Foto der Welt

Aufgaben

1 Beschreibe mithilfe von Bild 1, wie man mit der Camera obscura Bilder von Landschaften erstellen konnte.

2 Erstelle aus dem Text eine Zeitleiste zu den Erfindungen der Fotografie.

3 Recherchiere, welche Unterschiede es zwischen analogen und digitalen Fotoapparaten gibt. Erstelle dann eine tabellarische Übersicht. (► S. 112)

2 Optik | Lichtspektrum und Farben

Ich kann weißes Licht als Gemisch von farbigem Licht beschreiben.

5yu4ye

Die Zerlegung des weißen Lichts

1 Geschliffene Gläser erzeugen Farbspektren.

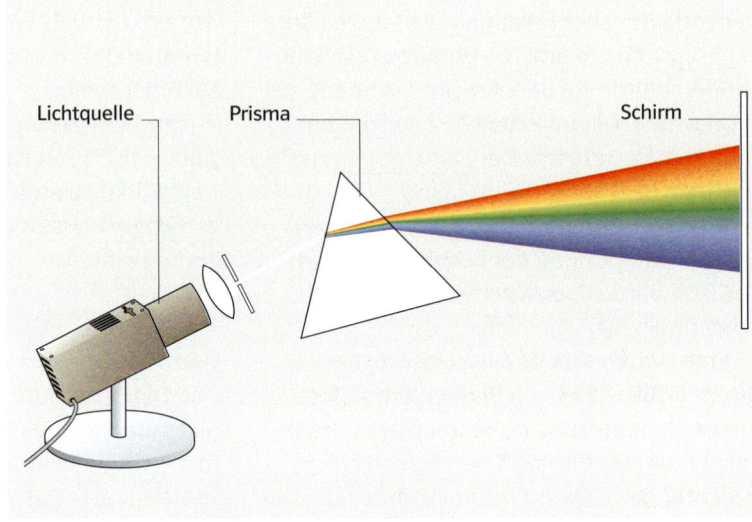

2 Die Zerlegung des weißen Lichts im Versuch

Farben aus dem weißen Licht
Wenn du ein geschliffenes Glas in die Sonne hältst, kannst du viele Farben erkennen (▷ B 1). Auch ein Diamant im Sonnenlicht erzeugt diese Farben.

Das Licht der Sonne ist aber weiß. Woher kommen dann die vielen Farben? Sind sie bereits im weißen Licht enthalten?

Die Zerlegung des weißen Lichts
Betrachte ein geschliffenes Trinkglas genauer: Du siehst, dass besondere Formen in das Glas hineingeschliffen wurden. Die Flächen dieser Formen stehen geneigt zueinander.

Ein **Prisma** ist ein Körper, der ebenfalls aus zueinander geneigten Flächen besteht.

Wenn du in einem Versuch das weiße Licht einer Lichtquelle auf ein Prisma fallen lässt, erscheinen die Farben Rot, Orange, Gelb, Grün, Blau und Violett (▷ V 1). Diese Farben nennt man **Spektralfarben**. Die Spektralfarben sind in Form eines Streifens angeordnet, den man **Farbspektrum** nennt.

Trifft weißes Licht auf ein Prisma, wird es in seine Spektralfarben zerlegt. Die Anordnung der Farben nennt man Farbspektrum.

Aufgaben
1 Zähle zwei Beispiele auf, bei denen weißes Licht in Spektralfarben zerlegt wird. (💡 S. 116)

2 Erkläre die Begriffe Farbspektrum und Spektralfarben.

3 Stell dir vor, du lässt eine einzige Spektralfarbe auf ein Prisma fallen. Würde diese Farbe ebenfalls zerlegt werden? Begründe deine Überlegungen.

Versuch
1 Erzeuge ein Lichtbündel mit einer Strichblende und einer Sammellinse. Dieses Lichtbündel fällt auf ein Prisma, hinter dem sich ein Schirm befindet (▷ B 2). Notiere die entstehenden Farben in ihrer Reihenfolge.

Farbige Lichter mischen

Farben, aus Licht gemischt
Wenn du den Bildschirm eines Fernsehers oder Monitors mit der Lupe betrachtest, dann erkennst du die vielen leuchtenden Pixel (▷ B 1). Allerdings gibt es nur rote, grüne und blaue Pixel. Wie entstehen daraus die vielen anderen Farben, die du auf dem Bildschirm sehen kannst? In Versuch 1 lässt du das Licht einer roten, einer grünen und einer blauen Lichtquelle so auf einen Schirm fallen, dass sich die farbigen Lichtflecke zum Teil überschneiden (▷ B 2). Dort erkennst du neue Farben. Man spricht von der **Farbaddition**.

Mit der Farbaddition erhält man in Bild 1 diese Farben:

Rot + Grün	⟶	Gelb
Rot + Blau	⟶	Magenta
Grün + Blau	⟶	Cyan
Rot + Grün + Blau	⟶	Weiß

Farbbildschirme
Die Farbaddition wird bei Farbbildschirmen verwendet. Die roten, grünen und blauen Pixel leuchten verschieden hell auf und ihre Farben überlagern sich in deinen Augen. Dadurch entstehen für dich die vielen verschiedenen Farben.

Überlagert man verschiedenfarbiges Licht, entstehen neue Farbeindrücke. Man spricht von der Farbaddition.

Pixel
Bildpunkt auf einem Bildschirm

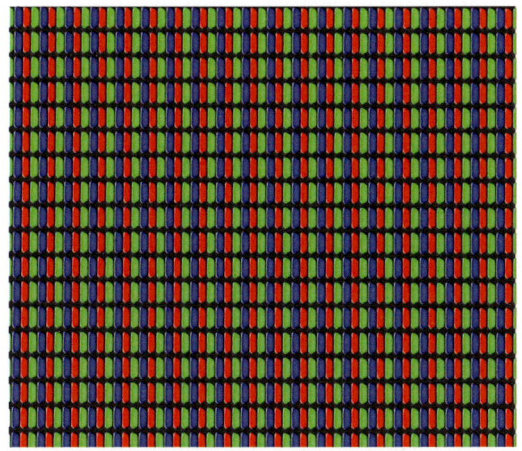

1 Vergrößerte Pixel eines Farbbildschirms

2 Farbiges Licht wird überlagert.

Aufgaben
1 Beschreibe, was man unter der „Farbaddition" versteht.

2
a) Beschreibe, wie ein Farbmonitor die Farben Rot, Gelb und Weiß erzeugt.
b) Ein Bildschirm kann auch Schwarz wiedergeben. Beschreibe, wie das funktioniert.

3 In Bild 2 kannst du Spektralfarben und Mischfarben beobachten. Beschreibe den Unterschied zwischen einer Spektralfarbe und einer Mischfarbe.

Versuch
1 Setze vor drei Optikleuchten eine rote, eine grüne und eine blaue Glasscheibe. Richte die Optikleuchten so aus, dass sich ihre Lichtkegel teilweise überlagern (▷ B 2). Nenne die Mischfarben, die du in den überlagerten Bereichen erkennst.

2 ZUSAMMENFASSUNG Optik

Die Ausbreitung des Lichts
Licht breitet sich geradlinig in alle Richtungen aus. Sehr dünne Lichtbündel nennt man Lichtstrahlen.

Licht und Schatten
Ein Schattenraum entsteht, wenn eine Lichtquelle einen lichtundurchlässigen Körper beleuchtet (▷ B 1).

Reflexion und Absorption
Die Oberflächen von Körpern können Licht reflektieren und absorbieren.
Helle Flächen reflektieren Licht besser als dunkle Flächen. Dunkle Flächen absorbieren Licht.

Reflexion am Spiegel
Ein Lichtstrahl wird an einem Spiegel reflektiert. Dabei ist der Einfallswinkel genau so groß wie der Reflexionswinkel.

Lichtbrechung
Wenn das Licht von einem optisch dünnen Stoff (wie z. B. Luft) in einen optisch dichten Stoff (wie z. B. Glas) übertritt, wird es zum Lot hin gebrochen.
Wenn das Licht von einem optisch dichten in einen optisch dünnen Stoff übertritt, wird es vom Lot weg gebrochen.

Linsen
Linsen, die Lichtstrahlen bündeln, heißen Sammellinsen. Die Lichtstrahlen werden hinter der Sammellinse in einem Brennpunkt gesammelt. Der Abstand von der Linsenmitte bis zum Brennpunkt heißt Brennweite (▷ B 2).
Eine Sammellinse erzeugt ein Bild auf einem Schirm. Dieses Bild ist seitenverkehrt und steht auf dem Kopf. Eine Sammellinse kann dabei vergrößerte und verkleinerte Bilder erzeugen.
Linsen, die Lichtstrahlen zerstreuen, heißen Zerstreuungslinsen.

Unser Auge
Das Bild auf der Netzhaut des Auges ist verkleinert, ist seitenverkehrt und steht auf dem Kopf.

Die Lupe
Die Lupe ist ein optisches Gerät mit einer Sammellinse. Mit einer Lupe können wir Gegenstände vergrößert betrachten.

Die Zerlegung des weißen Lichts
Ein Prisma zerlegt weißes Licht in seine Spektralfarben. Die Anordnung der Farben nennt man Farbspektrum.

1 Hinter dem Ball entsteht ein Schattenraum.

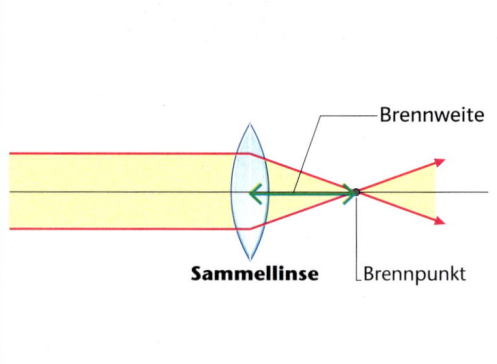

2 Sammellinsen sammeln das Licht im Brennpunkt.

Optik **TESTE DICH SELBST 2**

1 Zu Aufgabe 2

1 Nenne drei selbstleuchtende Körper.
► S. 34/35

2 Beschreibe, was ein Lichtstrahl ist (▷ B 1).
► S. 37

3 Beschreibe, wie Tag und Nacht entstehen.
► S. 46/47

4 Benenne die jeweilige Funktion der Iris und der Pupille, der Augenlinse und des Ziliarmuskels im menschlichen Auge.
► S. 64/65

5 Begründe mithilfe einer Skizze, warum bei einer Lochkamera die Bilder auf dem Kopf stehen.
► S. 39

6 Skizziere, wie ein Schatten entsteht. Beschrifte die Skizze.
► S. 40/41

7 Jan sagt: „Bei einer Mondfinsternis steht die Erde zwischen Sonne und Mond." Beurteile diese Aussage.
► S. 44/45

8 Im Sommer tragen viele Menschen lieber weiße Kleidung als dunkle. Erkläre die Vorteile weißer Kleidung gegenüber schwarzer Kleidung.
► S. 54

9 Wodurch unterscheidet sich eine Sammellinse von einer Zerstreuungslinse? Beschreibe die Unterschiede.
► S. 60/61

10 Du sollst die Brennweite einer Sammellinse experimentell bestimmen. Fertige eine Versuchsbeschreibung an.
► S. 60/61

11 Beschreibe, wie man beim Auge Sehfehler korrigieren kann.
► S. 64/65

12 Von einem Spiegel kannst du geblendet werden, von einer zerknitterten Alufolie nicht. Begründe den Unterschied mithilfe von Bild 2.
► S. 54

13 Autofahrerinnen und Autofahrer werden nachts bei einer nassen Straße stärker geblendet, als wenn es trocken wäre. Nimm begründet Stellung zu dieser Behauptung.
► S. 54

14 Wie lässt sich der virtuelle Brennpunkt einer Zerstreuungslinse ermitteln? Beschreibe.
► S. 60/61

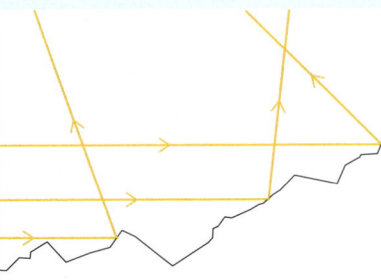

2 Zu Aufgabe 12

► Lösungen auf den Seiten 118–119   73

3 Elektrischer Strom

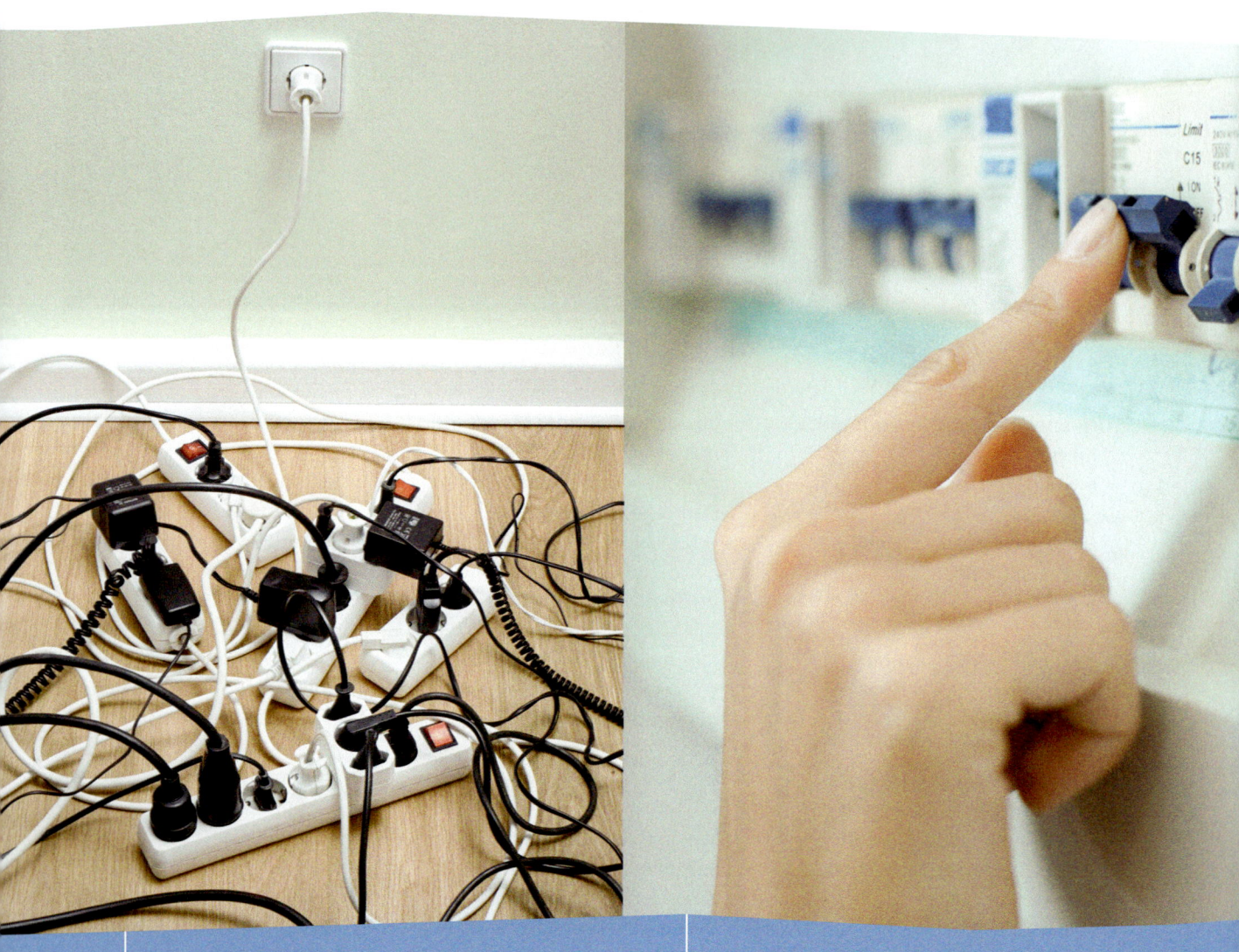

Wie schließt man elektrische Geräte an?

Strom kann gefährlich sein. Wie können wir uns schützen?

Wo nutzt du den elektrischen Strom? Erstelle eine Tabelle.
Trage den Namen des Geräts ein und wofür du es brauchst (Funktion).

Welche Lampe ist die richtige?

Wie nützt Strom uns Menschen?

3 WERKSTATT Elektrischer Strom | Stromkreise und Schaltungen

> Ich kann elektrische Stromkreise aufbauen und Schaltpläne zeichnen.

Elektrische Geräte richtig anschließen

Elektrische Geräte benutzt du jeden Tag ganz selbstverständlich. Aber welche Voraussetzungen müssen erfüllt sein, damit ein Gerät auch funktioniert?
Vorsicht: Experimentiere niemals mit elektrischem Strom aus der Steckdose!

1 Der einfache Stromkreis

Material
Flachbatterie (4,5 V), Kabel mit Krokodilklemmen, Glühlampe (3,8 V) mit Fassung, Glühlampe eines Fahrrads mit Fassung, Halogenglühlampe mit Fassung

Versuchsanleitung
a) Bringe mithilfe der Batterie und der Kabel die Glühlampe (3,8 V) zum Leuchten (▷ B 1). Notiere, was dazu erfüllt sein muss.
b) Vertausche die Kabel an der Fassung. Beobachte und notiere, was passiert.
c) Schließe zunächst eine Fahrradlampe und anschließend eine Halogenglühlampe an die Batterie an. Notiere deine Beobachtung. Versuche dann, deine Beobachtung zu erklären.

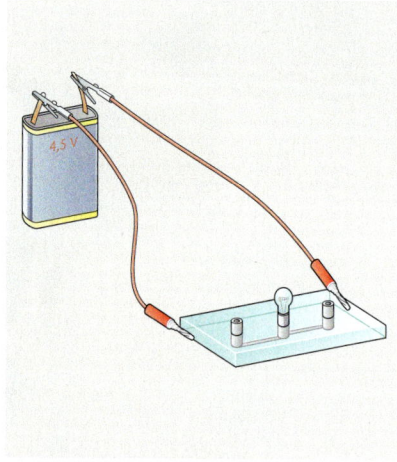

1 Wann leuchtet die Lampe?

2 Die LED als Lichtquelle

Material
Flachbatterie (4,5 V), Leuchtdiode (LED) mit eingebautem Vorwiderstand, Kabel mit Krokodilklemmen

Versuchsanleitung
Schließe die Leuchtdiode an die Batterie an und bringe sie zum Leuchten. Vertausche die Anschlüsse an der LED. Notiere deine Beobachtungen.

2 Leuchtdioden (LED) mit Vorwiderstand

3 Der Elektromotor

Material
Flachbatterie (4,5 V), Solarzellen, Elektromotor, Glühlampe (3,8 V) mit Fassung, Kabel mit Krokodilklemmen, starke Lichtquelle (z. B. Taschenlampe)

Versuchsanleitung
a) Schließe die Glühlampe an die Batterie an und bringe sie zum Leuchten. Vertausche die Kabel an der Fassung und beobachte, was passiert.
b) Ersetze die Glühlampe durch den Elektromotor (▷ B 3) und bringe ihn zum Laufen. Vertausche dann die Kabel an den Anschlüssen. Notiere deine Beobachtungen.
c) Ersetze die Batterie durch die Solarzellen. Bringe den Elektromotor mithilfe einer Lichtquelle (Sonne, Taschenlampe) zum Laufen. Verändere die Beleuchtung (Abstand, Helligkeit, Richtung). Beobachte und notiere, wann sich der Elektromotor dreht.

3 Elektromotor

Aufgaben

1 Zähle alle Geräte auf, die du für die elektrischen Stromkreise auf dieser Seite benötigst. (💡 S. 116)

2 Vergleiche die Ergebnisse aller Versuche: Welche Bedingungen müssen erfüllt sein, damit ein elektrischer Strom fließt?

3 Vergleiche Batterie und Solarzelle miteinander. Zähle Vorteile und Nachteile dieser Spannungsquellen auf.

Der einfache Stromkreis

e5za5a

Ein Tag ohne Elektrogeräte?
Elektrische Geräte erleichtern unser Leben. Musik hören, Haare trocknen oder den Computer benutzen – ohne elektrische Geräte ist unser Alltag nicht mehr vorstellbar.

Elektrische Geräte anschließen
Um elektrische Geräte nutzen zu können, müssen sie mit Strom versorgt werden. Dazu brauchst du eine **Spannungsquelle**.

Oft reicht eine Batterie als Spannungsquelle. Haushaltsgeräte hingegen werden an die Steckdose angeschlossen, die mit einem Kraftwerk verbunden ist. Der Strom aus der Steckdose ist lebensgefährlich – experimentiere niemals damit!

Andere Beispiele für Spannungsquellen sind der Dynamo und die Solarzelle.

Jede Spannungsquelle hat zwei Anschlüsse. Hier werden die Geräte angeschlossen.

Die richtige Polung
Bei Batterien heißen die Anschlüsse **Pluspol** (+) und **Minuspol** (–). Bei vielen elektrischen Geräten ist die richtige **Polung** wichtig: Der Elektromotor ändert zum Beispiel seine Drehrichtung, wenn du die Pole vertauschst. Andere Geräte funktionieren bei falscher Polung gar nicht oder können zerstört werden.

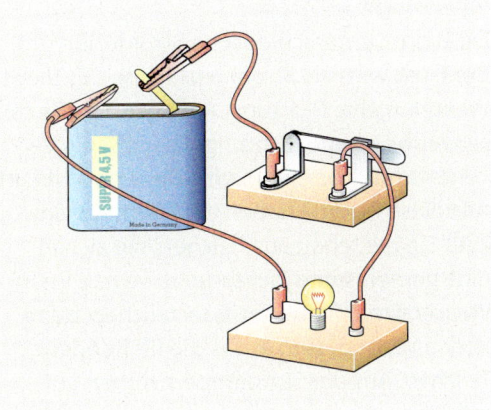

1 Geschlossener Stromkreis mit Schalter

Der elektrische Stromkreis
Elektrische Geräte können nur funktionieren, wenn sie Teil eines geschlossenen Stromkreises sind (▷ B 1): Beide Pole der Spannungsquelle müssen mit dem Gerät verbunden sein.

Oft wird in den Stromkreis noch ein Schalter eingebaut. Damit kannst du den Stromkreis bei Bedarf unterbrechen oder schließen.

Ein elektrisches Gerät funktioniert nur, wenn es an eine geeignete Spannungsquelle angeschlossen ist und der Stromkreis geschlossen ist. Bei vielen Geräten ist die richtige Polung wichtig.

Drehrichtung
links oder rechts herum

bei Bedarf
falls nötig

Aufgaben
1 Wähle drei elektrische Geräte aus, die dir im Alltag oft helfen. Schreibe auf, wie du ohne diese Geräte zum gleichen Ergebnis kommst. (💡 S. 116)

2 Schreibe eine genaue Aufbauanleitung für den in Bild 1 dargestellten elektrischen Stromkreis. Verwende für jeden Aufbauschritt einen ganzen Satz. Die Glühlampe soll bei aufgebautem Versuch leuchten. (💡 S. 116)

3 Oft ist die richtige Polung wichtig. Finde heraus und beschreibe, welche Hinweise es auf einer Fernbedienung gibt, damit die Batterien richtig eingelegt werden.

4 Manuel war diese Stunde krank. Schreibe ihm ausführlich auf, was man bei einem elektrischen Stromkreis beachten muss.

3 Elektrischer Strom | Stromkreise und Schaltungen

e5za5a

Was ist elektrischer Strom?

Verschiedene Ströme

Du kennst unterschiedliche Ströme. Ein großer Fluss wird als Strom bezeichnet. Es fließt Wasser in eine Richtung. Auf einer Straße fahren Autos in eine Richtung: Es fließt ein Verkehrsstrom. Aus einer Luftpumpe strömt Luft. Alle diese Ströme haben eine Gemeinsamkeit: Sie bestehen aus Teilchen, die sich in eine gemeinsame Richtung bewegen. Beim Wasserstrom fließen Wasserteilchen, beim Verkehrsstrom sind Autos die fließenden Teilchen. Aus der Luftpumpe strömen Luftteilchen.

Elektrischer Strom

Ähnlich wie bei anderen Strömen bewegen sich auch beim elektrischen Strom viele einzelne Teilchen in eine Richtung, die Stromteilchen. Stromteilchen sind sehr klein. Man kann sie nicht sehen. Stromteilchen können sich besonders gut in Metallen bewegen. Kupfer ist ein solches Metall. Stromleitungen bestehen aus Kupfer. Hier können sich die Stromteilchen bewegen. Die Bewegung der Stromteilchen in eine Richtung ist **elektrischer Strom**. Stromteilchen heißen auch **Elektronen**.

Stromteilchen im Stromkreis

In einem Stromkreis lässt zum Beispiel eine Batterie die Stromteilchen fließen. Die Stromteilchen bewegen sich vom Minuspol durch ein elektrisches Gerät, zum Beispiel eine Lampe, zum Pluspol der Batterie. Dabei beginnt die Lampe zu leuchten.

Elektrischer Strom ist die Bewegung von Stromteilchen. Die Stromteilchen können sich besonders gut in Metallen bewegen.

1 Verschiedene Ströme: Schülerstrom und elektrischer Strom

2 Ein Strom von Wasserteilchen

Aufgaben

1 Nenne die im Text beschriebenen Ströme. Ordne zu, welche Teilchen sich jeweils bewegen. (💡 S. 116)

2 Beschreibe die in Bild 1 dargestellten Ströme. Finde zuerst geeignete Überschriften für die dargestellten Ströme. Verwende bei der Beschreibung die Wörter „Teilchen" und „Richtung".

3 Begründe, warum auf dem Schulhof herumlaufende Kinder keinen Strom darstellen.

Versuch

1 Zu Schulbeginn: Stellt euch zu zweit mit einer Stoppuhr an das Schultor. Zählt die Schülerinnen und Schüler, die in der ersten Minute nach dem Läuten durch das Schultor strömen.

Leiter und Nichtleiter

Welche Stoffe leiten den elektrischen Strom?

Wenn du untersuchen möchtest, welche Stoffe den elektrischen Strom leiten, musst du mit verschiedenen Gegenständen einen Stromkreis schließen (▷ B 1).

Alle Gegenstände bestehen aus Stoffen. Ein Bleistift zum Beispiel besteht aus Holz und Graphit. Manche Stoffe leiten den elektrischen Strom, manche Stoffe nicht. Wenn die Glühlampe leuchtet, dann leitet der verwendete Stoff den elektrischen Strom. Wenn die Glühlampe hingegen nicht leuchtet, dann leitet dieser Stoff den elektrischen Strom nicht oder nur sehr schlecht. Wenn du die Lampe durch ein empfindliches Strommessgerät (Amperemeter) ersetzt, dann kannst du manchmal einen geringen Stromfluss feststellen.

Leiter und Nichtleiter

Leitende Stoffe sind zum Beispiel alle Metalle, aber auch Graphit. Diese Stoffe nennt man **Leiter**.

Zu den nichtleitenden Stoffen zählen zum Beispiel Kunststoff, Glas, Porzellan und Kalk. Diese Stoffe nennt man **Nichtleiter** oder **Isolatoren**.

Stoffe, die den elektrischen Strom leiten, werden Leiter genannt.
Stoffe, die den elektrischen Strom nicht leiten, werden Isolatoren (Nichtleiter) genannt.

Graphit
eine Art von Kohle

Kalk
kommt in der Natur als Kalkstein, Kreide oder Marmor vor

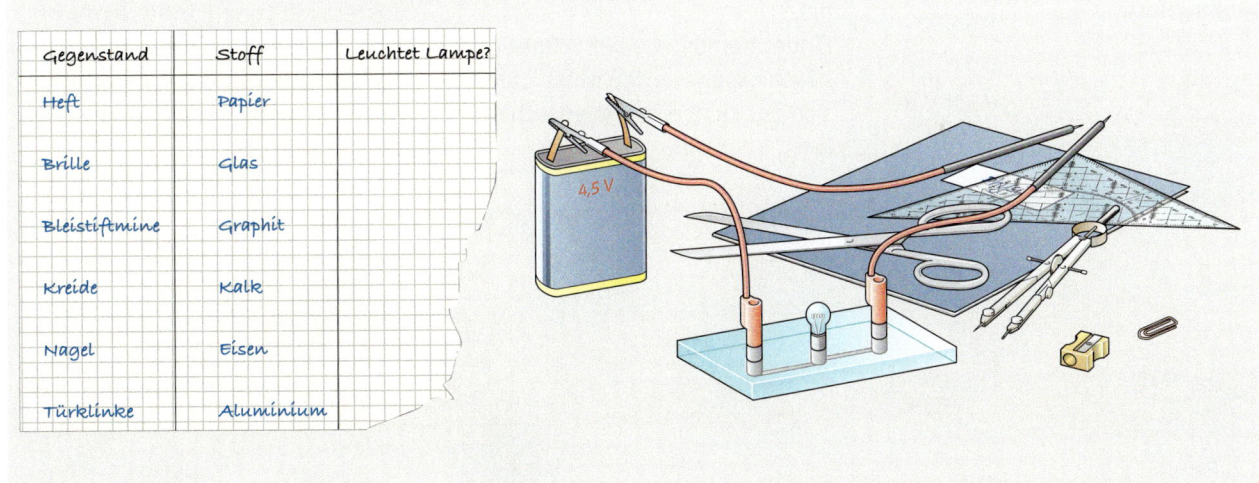

1 Leiter oder Nichtleiter?

Aufgaben

1 Nenne mindestens drei leitende und drei nichtleitende Stoffe. (💡 S. 116)

2 Begründe an zwei Beispielen, wo Isolatoren besonders wichtig sind.

3 Betrachte ein Experimentierlämpchen mit einer Lupe. Zeichne das Lämpchen ab. Benenne die leitenden und die nicht leitenden Teile des Lämpchens.

Versuch

1 Baue den Prüfstromkreis aus Bild 1 auf. Schließe den Stromkreis mit verschiedenen Gegenständen. Notiere deine Beobachtungen in einer Tabelle.

3 WERKSTATT Elektrischer Strom | Stromkreise und Schaltungen

Versuche mit Schaltern

Bislang hast du haupsächlich einfache Stromkreise aufgebaut, zum Beispiel mit Batterie, Glühlampe, Fassung und Kabeln. Um eine Lampe auszuschalten, kann man den Stromkreis immer an einer Stelle unterbrechen. Dies ist allerdings auf die Dauer unpraktisch.

Mit Schaltern kannst du einen Stromkreis ganz einfach unterbrechen oder schließen. Die Versuche könnt ihr am besten in verschiedenen Gruppen durchführen (► S. 112). Fertigt jeweils ein Versuchsprotokoll an (► S. 112).

1 Der Taster
Material
Batterie, Klingel, Taster, Kabel

Versuchsanleitung
Verbindet mithilfe der Kabel die Batterie, die Klingel und den Taster zu einem geschlossenen Stromkreis. Wenn ihr den Knopf des Tasters drückt, soll die Klingel läuten. Probiert aus, ob euer Klingelaufbau funktioniert.

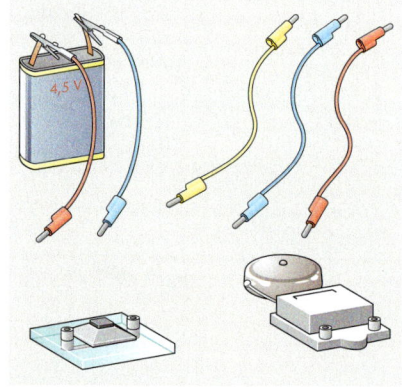

1 Zu Versuch 1

2 Der Wippschalter im Haushalt
Material
Batterie, Glühlampe mit Fassung, Haushaltsschalter (Wippschalter), Kabel

Versuchsanleitung
Baut einen Stromkreis aus Batterie, Lampe und Haushaltsschalter auf. Beachtet dabei, dass der Haushaltsschalter verschiedene Anschlüsse hat.
Findet heraus, wie der Schalter angeschlossen werden muss, damit sich das Licht ein- und ausschalten lässt.

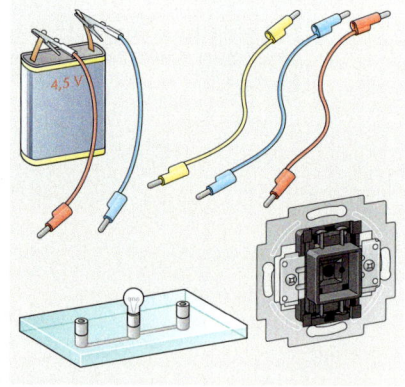

2 Zu Versuch 2

3 Die Sicherheitsschaltung mit zwei Tastern
Material
Batterie, Elektromotor, zwei Taster, Kabel

Versuchsanleitung
Baut einen Stromkreis mit einem Elektromotor und zwei Tastern auf. Dabei müsst ihr zwei Bedingungen erfüllen: Erstens müssen die beiden Taster weit voneinander entfernt sein. Zweitens soll der Elektromotor nur dann laufen, wenn einer von euch die Taster mit beiden Händen gleichzeitig drückt.

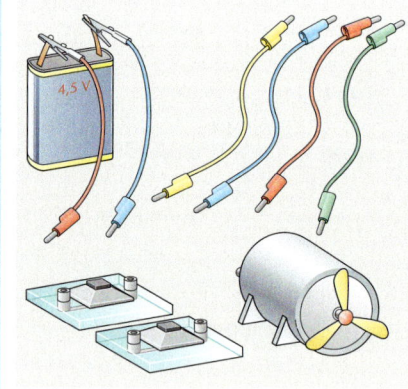

3 Zu Versuch 3

Aufgabe
1 Beschreibe den Unterschied zwischen den Schaltern in Versuch 1 und Versuch 2.

2 Stell dir vor, eine Klingel wäre mit einem EIN-AUS-Schalter bedienbar. Begründe, warum dies unpraktisch wäre.

Elektrischer Strom | Stromkreise und Schaltungen

Schalter

 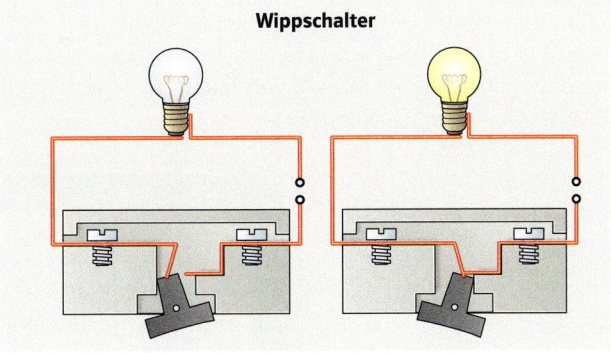

1 Der Wippschalter ist ein Beispiel für einen EIN-AUS-Schalter.

2 Querschnitt eines Wippschalters

Zweck eines Schalters
Schalter können unterschiedlich aussehen. Alle Schalter haben aber denselben Zweck: Schalter sollen den Stromkreis unterbrechen oder schließen.

EIN-AUS-Schalter
Wenn du abends ein dunkles Zimmer betrittst, schaltest du das Licht am Lichtschalter ein. Wenn du das Zimmer verlässt, schaltest du das Licht aus. Der Stromkreis muss dauerhaft geschlossen oder unterbrochen sein, nachdem du den Schalter betätigt hast. Einen solchen Schalter bezeichnet man als **EIN-AUS-Schalter**.

Ein besonderer EIN-AUS-Schalter ist der **Wippschalter** (▷ B 1, B 2).

Taster
Die Haustürglocke soll nur so lange läuten, wie jemand auf den Klingelknopf drückt. Dazu verwendet man einen sogenannten **Taster**. Wenn der Taster gedrückt wird, dann schließt ein Kontaktstück aus Blech den Stromkreis: Es läutet. Wenn man den Taster loslässt, dann federt das Kontaktstück zurück: Der Stromkreis ist wieder unterbrochen.

Schalter unterbrechen oder schließen den elektrischen Stromkreis.

<u>unterbrochen</u>
nicht verbunden, Gegenteil von geschlossen

<u>Kontaktstück</u>
kann eine Verbindung herstellen

Aufgaben
1 Beschreibe den Zweck von Schaltern im elektrischen Stromkreis. (💡 S. 116)

2 Beschreibe den Unterschied zwischen einem EIN-AUS-Schalter und einem Taster. (💡 S. 116)

3 Ist der Wippschalter ein Taster oder ein EIN-AUS-Schalter? Ordne zu. (💡 S. 116)

4 Beschreibe jeweils drei Beispiele für die Verwendung von Tastern und EIN-AUS-Schaltern im Alltag.

5 Recherchiere weitere Schalterarten und notiere ihre Namen (▶ S. 112).

6 Erstelle eine Mind-Map zu den verschiedenen Schaltern.

7 Zeichne den Querschnitt eines Tasters. Beachte, dass der Taster den Stromkreis beim Drücken schließt.

3 INFOGRAFIK Elektrischer Strom | Stromkreise und Schaltungen

Ein Modell für den Stromkreis

Den elektrischen Strom können wir nicht sehen. Trotzdem versuchen wir uns vorzustellen, wie der elektrische Strom in einem Stromkreis fließt. Hierbei kann uns das Wassermodell helfen. Dieses Modell vergleicht den elektrischen Strom mit einem Wasserstrom.

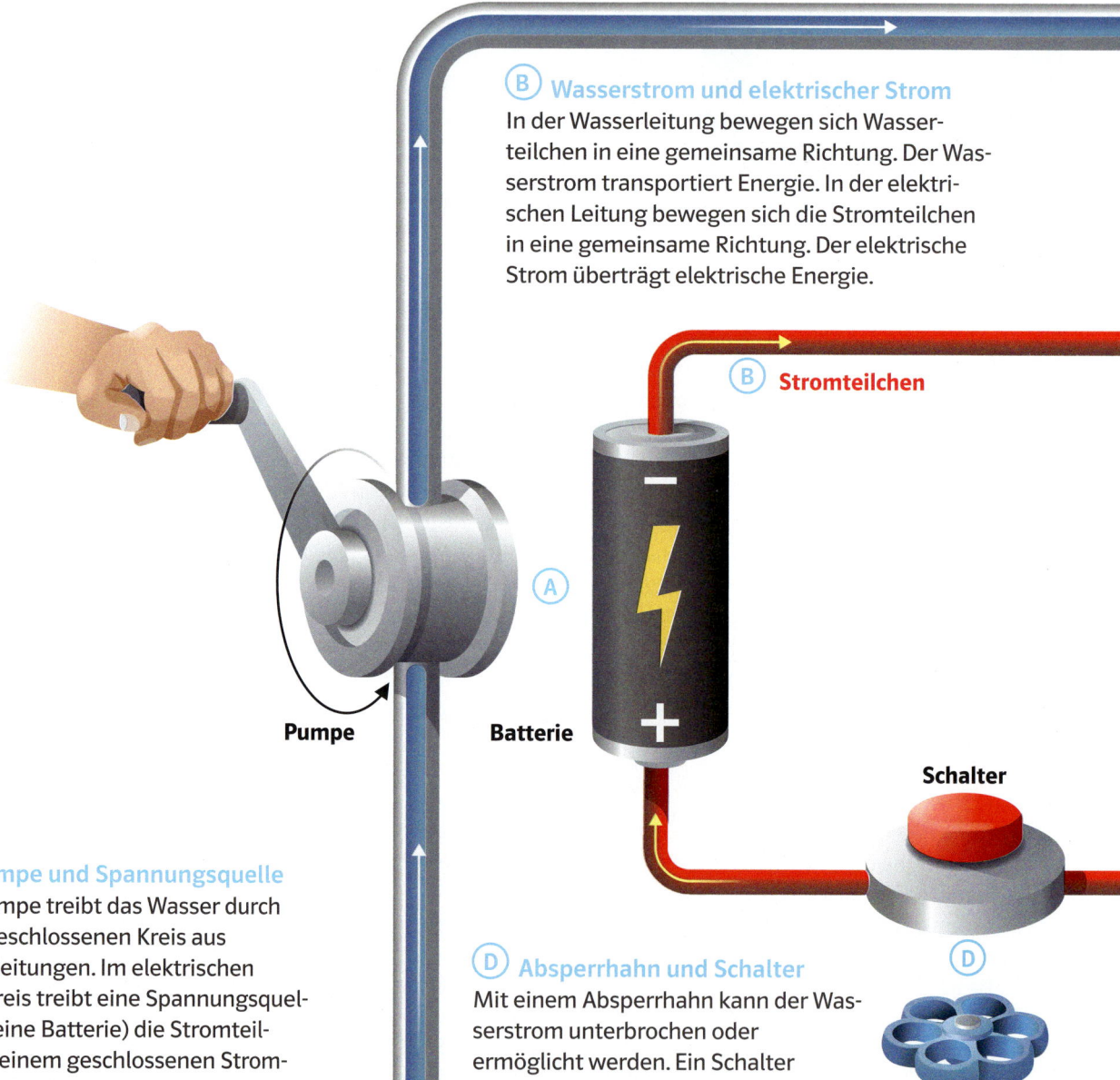

B Wasserteilchen

B Wasserstrom und elektrischer Strom
In der Wasserleitung bewegen sich Wasserteilchen in eine gemeinsame Richtung. Der Wasserstrom transportiert Energie. In der elektrischen Leitung bewegen sich die Stromteilchen in eine gemeinsame Richtung. Der elektrische Strom überträgt elektrische Energie.

B Stromteilchen

Pumpe **Batterie** **Schalter**

A Pumpe und Spannungsquelle
Eine Pumpe treibt das Wasser durch einen geschlossenen Kreis aus Wasserleitungen. Im elektrischen Stromkreis treibt eine Spannungsquelle (z. B. eine Batterie) die Stromteilchen in einem geschlossenen Stromkreis an. Die Spannungsquelle stellt elektrische Energie bereit.

D Absperrhahn und Schalter
Mit einem Absperrhahn kann der Wasserstrom unterbrochen oder ermöglicht werden. Ein Schalter unterbricht oder schließt den elektrischen Stromkreis.

Absperrhahn

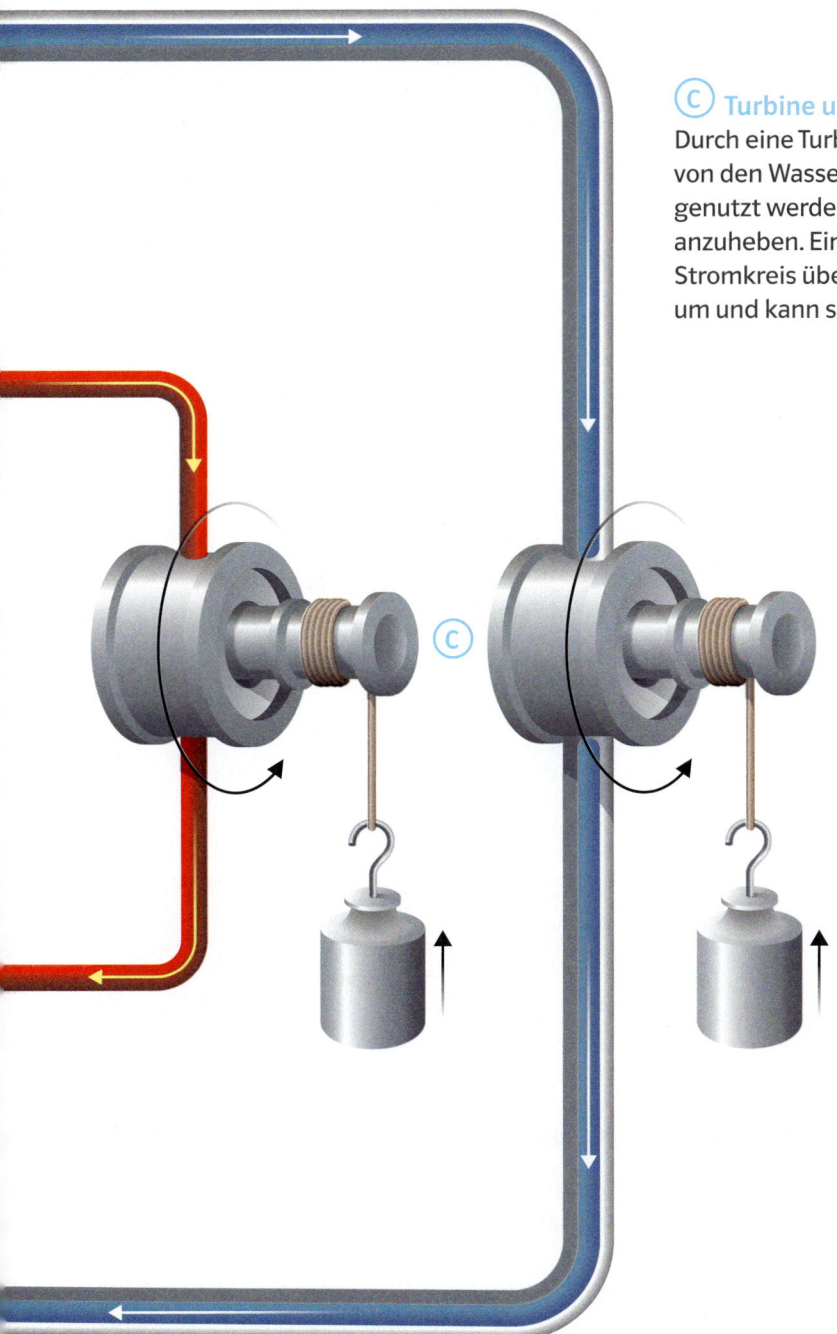

C Turbine und Elektromotor
Durch eine Turbine (Wassermotor) kann die von den Wasserteilchen übertragene Energie genutzt werden, um z. B. einen Gegenstand anzuheben. Ein Elektromotor wandelt die im Stromkreis übertragene elektrische Energie um und kann so die gleiche Aufgabe erfüllen.

Der Wasserstromkreis ist ein Modell für den elektrischen Stromkreis.

Aufgaben

1 Ordne die Begriffe richtig zu: Absperrhahn – elektrischer Strom – elektrische Leitung – Elektromotor – Pumpe – Schalter – Spannungsquelle – Turbine – Wasserleitung – Wasserstrom (💡 S. 116)

2 Vergleiche den elektrischen Stromkreis mit dem Wassermodell. Stelle Gemeinsamkeiten heraus, indem du einander entsprechende Teile in einer Tabelle zuordnest und ihre Funktion beschreibst. Verwende in den Spalten folgende Überschriften: Stromkreis – Wassermodell – Funktion

3 Stelle dir Folgendes vor: Der Schalter ist jetzt oben statt unten. Überlege und begründe, ob der Schalter auch so seine Funktion erfüllt.

3 MATERIAL Elektrischer Strom | Stromkreise und Schaltungen

e5za5a

Spannungsquellen

Material 1 Spannungsquellen für jeden Zweck

In einer **Batterie** ist chemische Energie gespeichert. Wenn man ein elektrisches Gerät an die Batterie anschließt, dann liefert die Batterie eine Spannung. Ist die Batterie „leer", kann sie nicht mehr verwendet werden. Eine Batterie vom Typ AA oder AAA hat eine Spannung von 1,5 Volt (1,5 V), eine Flachbatterie 4,5 Volt (4,5 V), eine Blockbatterie 9 Volt (9 V).

1,5 V – 9 V

Ein **Dynamo** versorgt ein Fahrrad mit elektrischer Energie für die Beleuchtung. Im Dynamo wird die Bewegungsenergie des Fahrrads in elektrische Energie umgewandelt. Dynamos liefern eine Spannung von 6 V oder 12 V.

6 V / 12 V

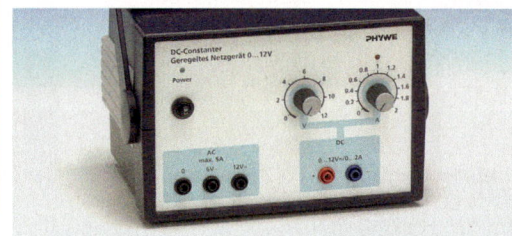

Bei Versuchen im Unterricht benutzt du als Spannungsquelle ein Schüler-**Netzgerät**. Die Schüler-Netzgeräte wandeln die gefährliche Spannung von 230 V aus der Steckdose in ungefährliche Spannungen bis zu 12 V um.

bis 12 V

In einem **Akkumulator** (kurz: Akku) ist chemische Energie gespeichert. Wenn der Akku „leer" ist, kann der Akku wieder aufgeladen werden. Akkus, die die Form einer Batterie haben, liefern meist eine Spannung von 1,2 V. Der Akku eines Smartphones hat eine Spannung von rund 4 V, der Akku eines Laptops 10 V – 15 V. Der Akku eines E-Bikes hat eine Spannung von 36 V, bei E-Autos sind Spannungen bis zu 650 V möglich.

1,2 V – 650 V

In **Solarzellen** wird Lichtenergie in elektrische Energie umgewandelt. Eine einzelne Solarzelle hat eine Spannung von 0,5 V. Durch eine geschickte Anordnung mehrerer Solarzellen kann man verschiedene Spannungen z. B. von 12 V oder auch von 100 V erzeugen.

0,5 V – 100 V

Material 2

Hohe Spannungen sind gefährlich

Wenn ein Mensch mit einer Spannungsquelle in Berührung kommt, dann hängt es unter anderem von der Voltangabe ab, ob er verletzt oder getötet wird. Im Unterricht darfst du nur mit Spannungsquellen experimentieren, auf denen weniger als 24 Volt (24 V) angegeben sind. Diese Spannungen sind für dich ungefährlich. Berührst du aber Spannungsquellen mit einer größeren Spannung, kann dies zu Lähmungen der Muskulatur, insbesondere des Herzmuskels, und zu schweren Verbrennungen führen. Lebensgefährlich sind z. B. die Anschlüsse einer Steckdose. Hier liegt eine Spannung von 230 V an. An Hochspannungsmasten liegen sogar Spannungen von 380 000 V an.

Gefährliche Situationen

Material 3

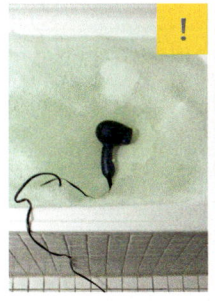   

Aufgaben

1 Lies Material 1.
a) Nenne die kleinste und die größte Spannung aus dem Text. (S. 116)
b) Ordne zu: AA-Batterie – E-Bike-Akku – Schüler-Netzgerät – 36 V – 1,5 V – 12 V (S. 116)
c) Stelle fest, wo bei dir zu Hause Batterien verwendet werden. Notiere die Voltzahlen und vergleiche mit Material 1.
d) Erstelle ein Quiz. Beschreibe
LS dazu eine Spannungsquelle, ohne ihren Namen zu nennen. Lies die Beschreibung vor.

2 Lies Material 2.
a) Notiere, welche der genannten Spannungen für den Menschen ungefährlich sind und welche tödlich sein können. (S. 116)
b) Armin möchte mit einer 4,5-V-Flachbatterie experimentieren. Entscheide, ob Armin damit experimentieren darf.

3 Begründe mithilfe von Material 1 und Material 2, ob du mit dem Akku eines E-Bikes experimentieren darfst.

4 Sieh dir Material 3 an.
a) Beschreibe die dargestellten Situationen. (S. 117)
b) Erkläre, warum die dargestellten Situationen gefährlich sind.
c) Beschreibe geeignete Vorsichtsmaßnahmen.

Schaltpläne zeichnen

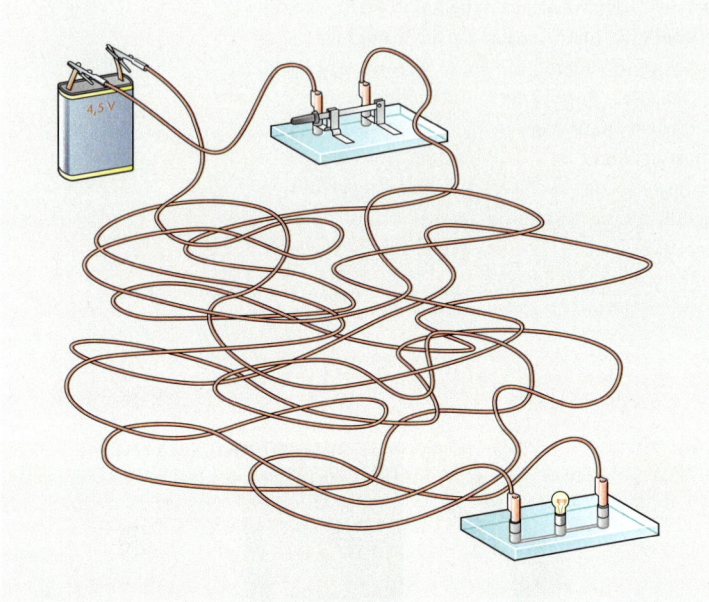

1 Stromkreis …

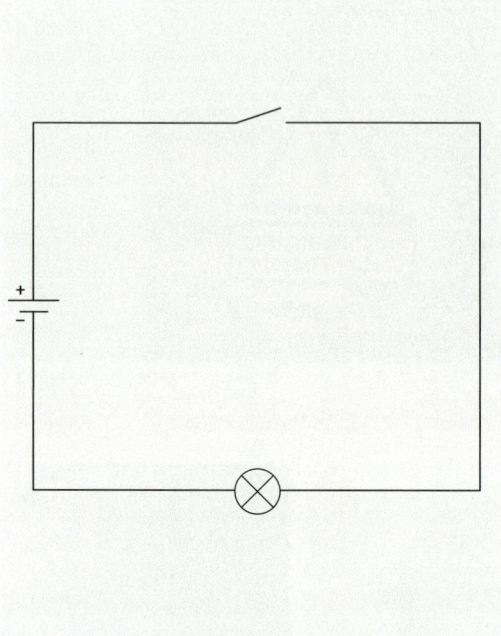

2 … mit passendem Schaltplan

Ein schneller Plan für jeden Stromkreis
Wenn du den elektrischen Stromkreis in Bild 1 als Versuchsskizze zeichnen müsstest, dann wäre das sicher sehr aufwendig. Vermutlich würde auch jeder von euch zu unterschiedlichen Ergebnissen kommen.

Für das Zeichnen von Stromkreisen verwendet man daher **Schaltzeichen** (▷ B 3). Die Schaltzeichen sind in fast allen Ländern gleich.

Den unübersichtlichen Stromkreis kannst du nun mit Schaltzeichen ganz einfach und schnell zeichnen. Eine solche Zeichnung heißt **Schaltplan** (▷ B 2).

Vom Stromkreis zum Schaltplan
Beginne beim Zeichnen immer an einem Pol der Spannungsquelle. Verfolge in Gedanken den Weg durch den Stromkreis von Bauteil zu Bauteil bis zum anderen Pol der Spannungsquelle. Ergänze dann weitere Bauteile.

Wenn du einen Stromkreis nach Vorlage eines Schaltplans aufbauen sollst, gehst du genauso vor. Beginne auch hier an einem Pol der Spannungsquelle.

Mit einem Schaltplan kannst du Stromkreise übersichtlich darstellen. Dabei stellt man die Bauteile als Schaltzeichen dar.

Regeln für das Zeichnen:
- Kabel werden als gerade Linien gezeichnet.
- Bei Richtungsänderungen werden Kabel im rechten Winkel weitergezeichnet.
- Stellen, an denen Kabel miteinander verbunden sind, können mit einem kleinen Punkt gekennzeichnet werden.
- Bauteile werden nie in eine Ecke gezeichnet.

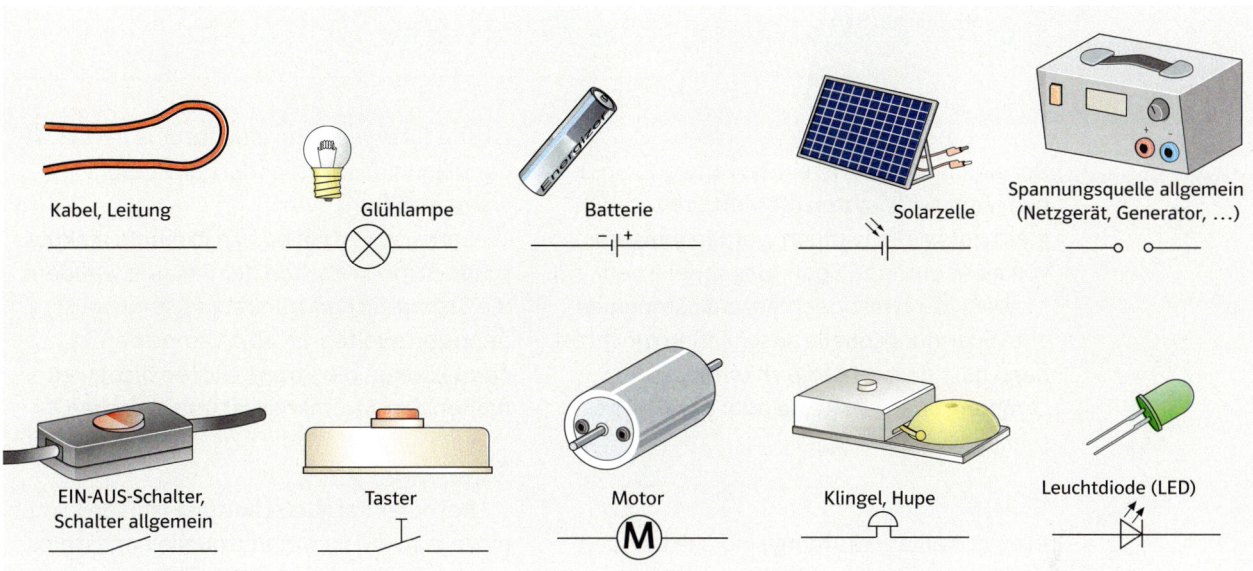

3 Bauteile und ihre Schaltzeichen

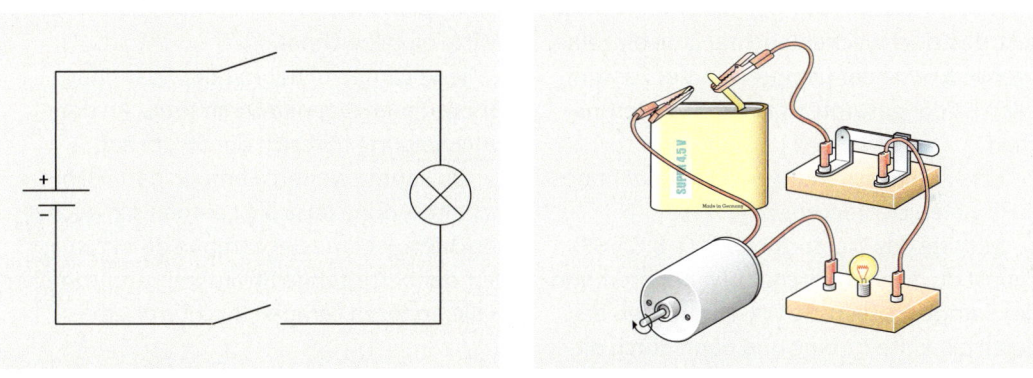

4 Zu Versuch 2

5 Zu Versuch 3

Aufgaben

1 Nenne die Vorteile eines Schaltplans. (💡 S. 117)

2 Zeichne die Schaltzeichen aus Bild 3 ab. Schreibe die Namen der Bauteile dazu. (💡 S. 117)

3 Zeichne einen Schaltplan zu einem Stromkreis, der aus einer Batterie, einem Taster und einer Klingel besteht.

4 Begründe, warum es sinnvoll ist, einheitliche Schaltzeichen zu verwenden.

5 Zeichne einen Schaltplan mit zwei Glühlampen. Beide Glühlampen sollen leuchten.

Versuche

1 Baue einen Stromkreis aus einer Batterie, zwei Lampen und einem Schalter auf. Fertige den dazu passenden Schaltplan an.

2 In Bild 4 siehst du einen Schaltplan. Baue den Stromkreis mit Materialien aus der Schulsammlung auf.

3 Fertige zum Versuchsaufbau in Bild 5 den dazu passenden Schaltplan an und baue den Stromkreis auf.

Reihenschaltung und Parallelschaltung

Eine Quelle für mehrere Lampen
Bei einem Fahrrad, in einem Auto oder in deinem Zimmer leuchten oft mehrere Lampen gleichzeitig. Die Lampen werden meistens von einer einzigen Spannungsquelle versorgt.

Wenn du zwei oder mehrere Lampen an eine Spannungsquelle anschließen möchtest, dann hast du zwei Möglichkeiten: Die Lampen können **in Reihe** oder **parallel** geschaltet werden.

Reihenschaltung
In einer **Reihenschaltung** sind alle Lampen nacheinander in einer Reihe geschaltet (▷ B 3). Alle Bauteile sind in einem einzigen Stromkreis.

Je mehr gleiche Lampen du in Reihe schaltest, desto schwächer leuchtet jede einzelne. Drehst du eine der Lampen aus der Fassung, dann ist der gesamte Stromkreis unterbrochen.

Eine Reihenschaltung von Lampen findest du in vielen Lichterketten (▷ B 1).

Mithilfe des Wassermodells (►S. 82/83) kannst du die Reihenschaltung erklären. Von der Pumpe müssen die Wasserteilchen erst durch die erste Turbine und dann durch die zweite Turbine. Wenn eine Turbine defekt ist, dann kann das Wasser dort nicht mehr weiterströmen.

Genauso verhält es sich in einem elektrischen Stromkreis: Von der Batterie wandern die Stromteilchen zur ersten Lampe und dann zur zweiten. Ist eine Lampe defekt, dann können die Stromteilchen nicht weiterfließen. Der Stromkreis ist unterbrochen.

Parallelschaltung
Bei einer **Parallelschaltung** ist jede Lampe einzeln an die Spannungsquelle angeschlossen (▷ B 2, B 4). Somit hat jede Lampe einen eigenen Stromkreis. Häufig wird ein Stück Kabel als gemeinsame Zuleitung benutzt. Im Schaltplan im Bild 6 sind diese Kabel in der Mitte eingezeichnet.

Jede Lampe bildet mit der Spannungsquelle einen eigenen Stromkreis. An der Verzweigung teilt sich der Strom auf.

Du kannst weitere Lampen parallel hinzuschalten, ohne dass die Lampen schwächer leuchten. Ist eine der Lampen defekt, so ist nur der betreffende Stromkreis unterbrochen – die anderen Lampen leuchten weiter.

Verzweigung
ein Weg trennt sich in mehrere Wege auf

defekt
nicht funktionsfähig, kaputt

1 Lichterkette

2 Deckenlampe

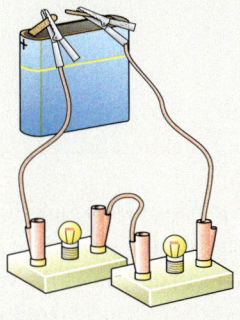

3 Aufbau einer Reihenschaltung

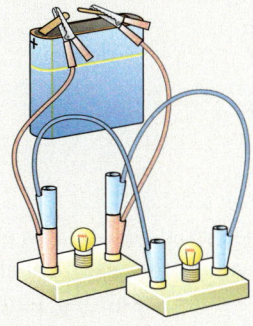

4 Aufbau einer Parallelschaltung

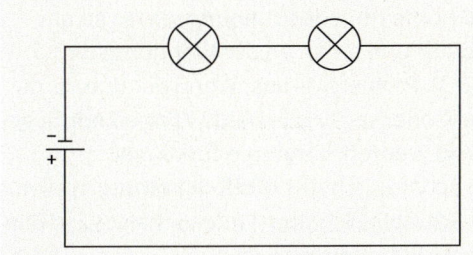

5 Schaltplan einer Reihenschaltung

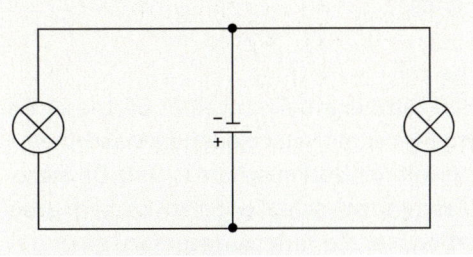

6 Schaltplan einer Parallelschaltung

Auch die Parallelschaltung von Lampen lässt sich mit dem Wassermodell erklären. Von der Pumpe gelangen die Wasserteilchen zur Verzweigung. Ein Teil der Wasserteilchen fließt durch die erste Turbine. Der andere Teil fließt durch die zweite Turbine. Ist eine Turbine defekt, dann können die Wasserteilchen immer noch durch die andere Turbine fließen.

Zwei oder mehrere Lampen können in Reihe oder parallel geschaltet werden.

Eine Reihenschaltung besteht aus einem Stromkreis.

Eine Parallelschaltung besteht aus mehreren Stromkreisen mit einer gemeinsamen Zuleitung.

Aufgaben

1 Nenne die Merkmale einer Reihen- und einer Parallelschaltung. (S. 117)

2 Beschreibe die Funktionsweise der Reihen- und der Parallelschaltung mithilfe des Wassermodells. (S. 117)

3 Wo würdest du in den Schaltungen in den Bildern 3 und 4 einen Schalter einbauen, mit dem man beide Lampen gleichzeitig an- oder ausschalten kann? Begründe deine Lösung.

4 Stelle den Stromfluss in einer Reihenschaltung und in einer Parallelschaltung grafisch dar.

5 Mara möchte eine Parallelschaltung mit zwei Lampen und Schaltern bauen. Jede Lampe soll einzeln an- und ausgeschaltet werden können. Zeichne den Schaltplan und begründe deine Lösung.

6 Ferdinand möchte eine Reihenschaltung mit zwei Lampen und Schaltern bauen. Jede Lampe soll einzeln an- bzw. ausgeschaltet werden können. Zeichne den Schaltplan und begründe deine Lösung.

3 Elektrischer Strom | Stromkreise und Schaltungen

e5za5a

Mehrere Schalter im Stromkreis

Schaltungen sind überall
Wenn du elektrische Bauteile in einem Stromkreis anordnest, dann spricht man von einer elektrischen **Schaltung**. Eine Schaltung hat einen ganz bestimmten Zweck, zum Beispiel soll eine Lampe leuchten.

Elektrische Schaltungen findest du fast überall, ob in einem Haushalt oder in deinem Handy.

Die UND-Schaltung
Herr Dittmer arbeitet in einer Gärtnerei. Dort arbeitet er mit verschiedenen Maschinen, z. B. mit der Heckenschere (▷ B 1). Da diese Maschine mit scharfen Schermessern arbeitet, ist hier die Verletzungsgefahr groß.

Herr Dittmer könnte aus Versehen mit der einen Hand den Motor einschalten, während sich seine andere Hand an den Schermessern befindet. Damit das nicht passiert, ist an der Maschine eine **Sicherheitsschaltung** eingebaut: Die Maschine lässt sich nur einschalten, wenn mit jeder Hand ein Schalter betätigt wird (▷ B 1). Die Schaltung heißt auch UND-Schaltung, weil beide Schalter (Schalter 1 und Schalter 2 in Bild 2) betätigt werden müssen.

Auch in der Waschmaschine findest du eine **UND-Schaltung**: Außer dem EIN-AUS-Schalter gibt es in der Tür einen weiteren Schalter. Dieser Schalter schließt den Stromkreis erst dann, wenn die Tür zu ist.

Die ODER-Schaltung
In vielen Häusern findest du meist zwei Klingelknöpfe für jede Wohnung: einen an der Haustür und einen an der Wohnungstür (▷ B 3). Probiere es aus: Wenn der untere, der obere oder sogar alle beide Klingelknöpfe gedrückt werden, läutet die Türklingel.
Die Schaltung heißt **ODER-Schaltung**, weil nur ein Schalter (Schalter 1 oder Schalter 2 in Bild 4) betätigt werden muss.

Die Wechselschaltung
In langen Fluren gibt es noch eine weitere Schaltung. Manchmal gibt es eine Lampe, die du von zwei Schaltern aus betätigen kannst. Mit der **Wechselschaltung** kannst du das Licht an einer Stelle einschalten und an einer anderen Stelle wieder ausschalten (▷ B 5). Das ist praktisch, da du nicht durch den ganzen Flur laufen musst.

Schermesser
Messer zum Schneiden einer Hecke

1 Heckenschere mit UND-Schaltung

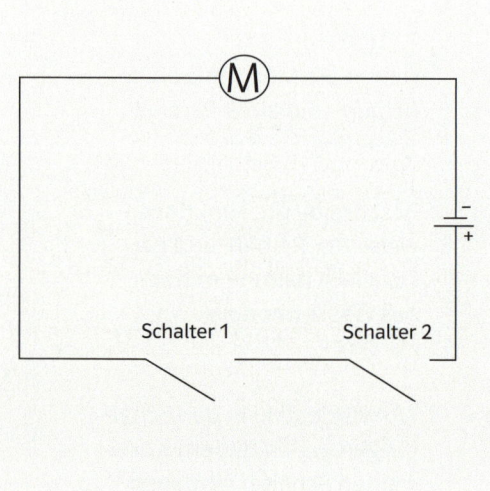
2 Schaltplan der UND-Schaltung

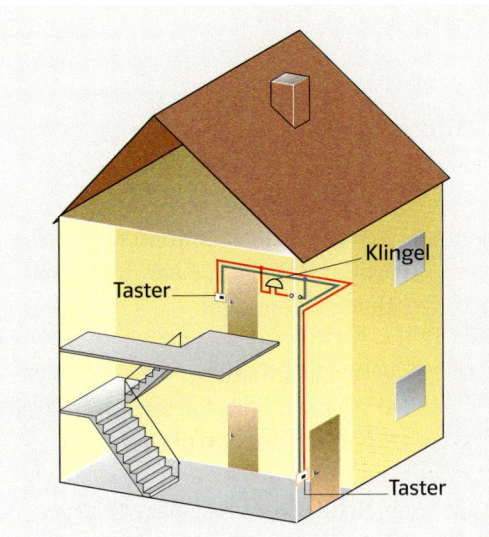

3 ODER-Schaltung bei einer Wohnungsklingel

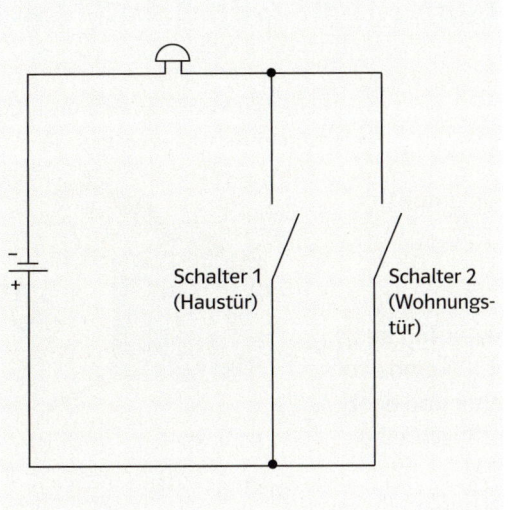

4 Schaltplan der ODER-Schaltung

Bei der UND-Schaltung ist der Stromkreis nur geschlossen, wenn Schalter 1 und Schalter 2 geschlossen sind.

Bei der ODER-Schaltung ist der Stromkreis geschlossen, wenn Schalter 1 oder Schalter 2 geschlossen ist.

Bei der Wechselschaltung lässt sich an jedem Schalter der Stromkreis öffnen und schließen.

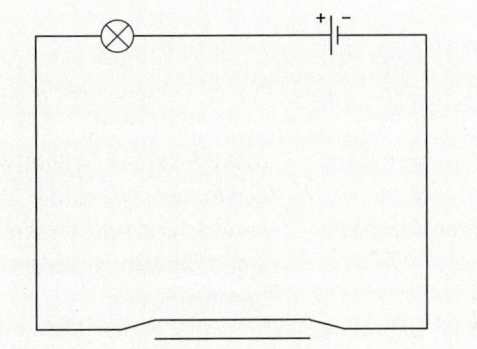

5 Schaltplan einer Wechselschaltung

Aufgaben

1
a) Zeichne den Schaltplan einer UND-Schaltung. (S. 117)
b) Zeichne den Schaltplan einer ODER-Schaltung. (S. 117)
c) Zeichne den Schaltplan einer Wechselschaltung. (S. 117)

2 Gib zu allen im Text genannten Schaltungen ein Anwendungsbeispiel aus dem Alltag an. (S. 117)

3 Beschreibe die Vorteile der Wechselschaltung anhand eines eigenen Beispiels.

4 Begründe, warum die UND-Schaltung auch Sicherheitsschaltung genannt wird.

5 Begründe mithilfe von S. 88/89, warum …
a) die UND-Schaltung eine Reihenschaltung ist.
b) die ODER-Schaltung eine Parallelschaltung ist.

Versuch

1 Jan hat eine Schaltung mit 3 Schaltern gebaut. Schaltet man bei ihr einen bestimmten Schalter ein, dann leuchtet das Lämpchen. Man kann auch die anderen beiden Schalter zusammen einschalten, damit das Lämpchen leuchtet. Plane und baue die Schaltung von Jan.

3 WERKSTATT Elektrischer Strom | Wirkungen und Sicherheit

> Ich kann die Wirkungen des elektrischen Stroms experimentell untersuchen und beschreiben.

Was kann der elektrische Strom?

1 Untersuchungen an der Glühlampe

Material
Batterie, Schalter, Glühlampe mit Fassung, Kabel

Versuchsanleitung
a) Baue einen Stromkreis mit geöffnetem Schalter und Glühlampe auf.
b) Schließe den Schalter und beobachte die Glühlampe. Beschreibe, was du siehst.
c) Schließe die Augen und umfasse die Glühlampe vorsichtig mit zwei oder drei Fingern. Beschreibe, was du spürst.

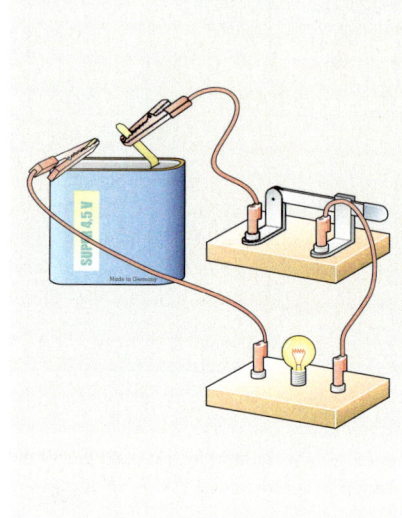

1 Zu Versuch 1

3 Elektromagnete selber wickeln

Material
Batterie, isolierter Kupferdraht, ein großer Nagel aus Eisen, mehrere kleine Eisennägel

Versuchsanleitung
a) Wickle den isolierten Kupferdraht mehrfach um den großen Nagel.
b) Schließe deine selbst gebaute Spule an eine Batterie an und teste, wie viele kleine Nägel angezogen werden können.
c) Entferne den großen Nagel und teste, wie viele kleine Nägel jetzt angezogen werden.
d) Wickle verschiedene Spulen mit unterschiedlichen Wicklungszahlen, z. B. 50, 100, 200 Wicklungen. Beschreibe den Einfluss der Wicklungszahl auf die magnetische Wirkung.

2 Vom Draht zum Elektromagnet

Material
Batterie, Kabel, Schalter, Kompass

Versuchsanleitung
a) Baue einen einfachen Stromkreis mit einem geöffneten Schalter auf. Lass die Kompassnadel in Nord-Süd-Richtung einpendeln.
b) Halte das Kabel parallel zur Kompassnadel über den Kompass und schalte kurz den Strom ein. Vertausche die Pole und wiederhole den Versuch.
c) Halte den Draht quer zur Kompassnadel und teste, wie der Kompass sich jetzt verhält.

d) Für Erfinder: Schließe und öffne den Schalter in einem gleich bleibenden und passenden Zeitabstand. Du kannst etwas Interessantes entdecken.

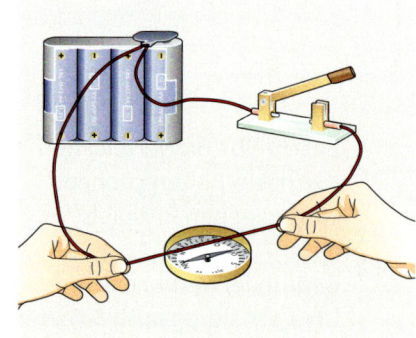

2 Zu Versuch 2

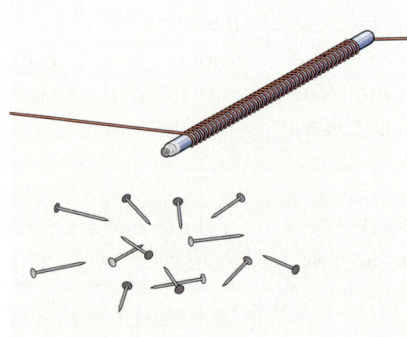

3 Zu Versuch 3

Aufgaben

1 Was kann der elektrische Strom bewirken? Zähle auf. (💡 S. 117)

2 Martin sagt: „An einem Backofen sieht man die Wirkung des elektrischen Stroms." Beurteile, ob er recht hat.

3 Elektrischer Strom | Wirkungen und Sicherheit

Wirkungen des elektrischen Stroms

e5za5a

1 Strom hat viele Wirkungen.

Was der elektrische Strom alles kann
Eine Lampe, der Küchenherd, der Türöffner an der Haustür – eine Vielzahl von Geräten funktioniert mit elektrischem Strom. Den elektrischen Strom kannst du nicht sehen. Ob Strom fließt oder nicht, kannst du nur an seinen <u>Wirkungen</u> erkennen.

Wärmewirkung
Die Wärmewirkung des elektrischen Stroms kannst du gut in der Nähe einer Herdplatte, eines Bügeleisens oder eines Toasters spüren. Aber Vorsicht! Diese Geräte sind so heiß, dass du dich ernsthaft verbrennen kannst. In ihrem Inneren befinden sich <u>Heizdrähte</u> aus Metall. Wenn Strom durch die Heizdrähte fließt, erwärmen sie sich.

Lichtwirkung
An der Experimentierlampe erkennst du eine weitere Wirkung des elektrischen Stroms: Ein dünner Draht wird so stark erhitzt, dass er zu glühen beginnt. Die Lampe spendet uns Licht.

Magnetische Wirkung
Wenn elektrischer Strom durch ein Kabel fließt, wird es magnetisch. Sogenannte **Elektromagnete** sind für uns praktische Helfer. Elektromagnete heben schwere Eisenstücke auf dem Schrottplatz, sie öffnen die Türen eines Autos und die Haustür auf Knopfdruck. Auch ein Elektromotor läuft nur durch die magnetische Wirkung des elektrischen Stroms.
(▶ Wechselwirkung, S. 104/105)

Elektrischer Strom ist an seinen Wirkungen erkennbar. Diese sind:
– die Wärmewirkung
– die Lichtwirkung
– die magnetische Wirkung

<u>Wirkung</u>
Ergebnis, Resultat

<u>Heizdraht</u>
ein Draht, der sich stark erhitzt

Aufgaben
1 Beschreibe die Wirkungen des elektrischen Stroms anhand der drei Bilder auf dieser Seite (💡 S. 117).

2
a) Ordne die im Text genannten elektrischen Geräte nach ihrer Wirkung. Lege hierzu eine Tabelle an.
b) Ergänze die Tabelle mit möglichst vielen Geräten aus dem Alltag.

3 Max behauptet: „Elektrischer Strom kann auch eine Bewegung bewirken." Diskutiert diese Aussage.

93

Wie Elektromagnete funktionieren

1 Hans Christian Oersted entdeckte die magnetische Wirkung des Stroms.

2 Elektromagnet auf dem Schrottplatz

Der Elektromagnet

Auf einem Schrottplatz benutzt man Elektromagnete (▷ B 2). Ein Elektromagnet besteht aus einem Draht, den man oft auf ein Stück Eisen aufgewickelt hat. Den aufgewickelten Draht nennt man auch Spule. Wenn durch die Spule ein elektrischer Strom fließt, dann hält sie die Eisenteile fest.

Magnetkraft durch Strom

Schon im Jahr 1820 entdeckte der dänische Physiker Hans Christian Oersted (1777 – 1851), dass elektrischer Strom und Magnetismus miteinander zusammenhängen. Oersted erforschte diese Zusammenhänge. Er kam zu dem Ergebnis, dass der elektrische Strom auch eine Magnetkraft erzeugt.

Nun kommt das Besondere: Nur wenn ein Strom fließt, entsteht diese Magnetkraft! Bei Elektromagneten lässt sich daher die Magnetkraft einschalten und wieder ausschalten. Dazu muss man nur den Strom ein- und ausschalten.

Eisen verstärkt die Magnetkraft

Wenn man den Draht eines Elektromagneten auf ein Stück Eisen aufwickelt, dann verstärkt es die Magnetkraft: Die Elementarmagnete im Stück Eisen richten sich in die vorgegebene Richtung aus und verstärken so die Magnetkraft. Ein Elektromagnet hat wie jeder andere Magnet einen Nordpol und einen Südpol. Die Pole befinden sich an den Enden der Spule.

Ein Elektromagnet kann Eisenteile festhalten. Ein Elektromagnet ist ein aufgewickelter Draht, durch den Strom fließt.

aufgewickelt
herumgebunden, herumgelegt

richten sich … aus
sich ausrichten, sich in eine bestimmte Richtung bringen

Aufgaben

1 Beschreibe, wie ein Elektromagnet aufgebaut ist. (💡 S. 117)

2 Begründe, warum die Eisenteile in Bild 2 nicht herunterfallen.

3 Recherchiere über Hans Christian Oersted. Erstelle dann ein Plakat über ihn (▶ S. 112; ▶ S. 113).

Elektrische Geräte – praktische Helfer

Siegeszug der Elektrizität

Die Versorgung mit elektrischem Strom begann vor ungefähr 120 Jahren. Die Erfindung der Glühlampe und die Entwicklung leistungsfähiger Generatoren waren der Anfang dafür.

Heute ist die umweltfreundliche Versorgung mit elektrischem Strom und die Entwicklung sparsamer elektrischer Geräte wichtig.

Elektrische Geräte haben viele Aufgaben

Wir benutzen den elektrischen Strom zum Beleuchten von Häusern und Straßen (▷ B 1). Elektrische Geräte helfen uns aber auch bei Arbeiten in der Küche und im Garten. Elektrische Geräte begleiten uns auch in der Freizeit.

MP3-Player, Spielekonsole, Fernseher, Wasserkocher, Toaster, Computer und Rasenmäher sind nur einige Beispiele für elektrische Geräte.

Ein Leben ohne Strom – vorstellbar?

Am Abend schalten wir das Licht ein, schalten den Fernseher ein, spielen am Computer, schreiben noch ein paar Nachrichten am Handy oder arbeiten noch etwas am Tablet.

Die Nutzung elektrischer Geräte ist für uns so selbstverständlich geworden, dass wir uns ein Leben ohne Strom gar nicht mehr vorstellen können.

1 Europa bei Nacht

Die Entwicklung geht weiter

Heute kannst du dir von vielen elektrischen Geräten helfen lassen, dennoch geht die Entwicklung neuer elektrischer Geräte immer weiter. Neben Kommunikationsmitteln wie Handys werden besonders die Hilfsmittel in der Medizin und für den Haushalt verbessert. Heute gibt es beispielsweise Roboter, die selbst entscheiden, ob der Rasen gemäht werden muss.

Elektrische Geräte erleichtern unseren Alltag. Die Versorgung mit elektrischem Strom ist hierfür wichtig.

Versorgung
Lieferung, Bereitstellung

Aufgaben

1 Zähle für jeden der folgenden Bereiche vier Elektrogeräte auf: dein Zimmer, Küche, Supermarkt. Beschreibe jeweils eines dieser elektrischen Geräte. (💡 S. 117)

2 Schaue dich in deiner Umgebung nach einem elektrischen Gerät um, dessen Funktion dir unbekannt ist. Beschreibe, wie dieses Gerät funktioniert, nachdem du dies, wenn möglich bei dem Nutzer, erfragt hast.

3 Stelle in einem kurzen Bericht dar, ob ein Tag ohne Strom für dich möglich wäre und wie er aussehen könnte.

4 Die Fernbedienung eines Fernsehers hat sicherlich viele Tasten, deren Funktion du nicht kennst. Informiere dich mithilfe der Gebrauchsanleitung über deren Funktionen.

Energie wird umgewandelt

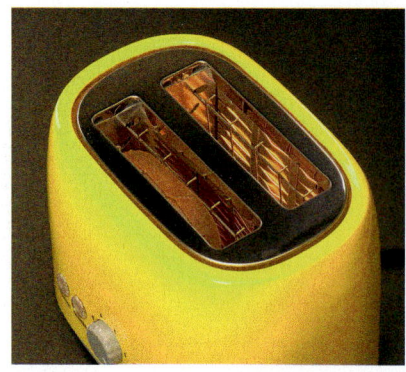  

1 Energieumwandlung im Toaster

Elektrische Energie
Damit ein Toaster das Brot bräunen kann, benötigt der Toaster Energie. Damit eine Lampe leuchten kann, benötigt auch sie Energie. Wir entnehmen diese Energie der Steckdose oder einer Batterie.

Woher kommt die elektrische Energie?
Es gibt viele Möglichkeiten, elektrische Energie bereitzustellen. Ein Wärmekraftwerk wandelt die Energie, die in brennbaren Stoffen gespeichert ist, in elektrische Energie um. Ein Windkraftwerk nutzt die Energie des Winds. Ein Wasserkraftwerk wandelt die Energie des herabfließenden Wassers in elektrische Energie um. Auch die Energie des Sonnenlichts lässt sich in elektrische Energie umwandeln. In Batterien laufen chemische Vorgänge ab, bei denen elektrische Energie frei wird.

Elektrische Geräte sind Energiewandler
Die elektrische Energie aus dem Kraftwerk wird über Kabel zu den elektrischen Geräten transportiert. Diese wandeln die elektrische Energie dann um: Der Toaster gibt Wärme ab, eine Lampe beginnt zu leuchten oder ein Ventilator beginnt sich zu drehen.

Elektrische Geräte können elektrische Energie umwandeln, z. B. in Wärme und Licht.

2 Energieumwandlung – von der Batterie zur Lampe

Aufgaben
1 Zähle zehn Geräte aus dem Haushalt auf, die elektrische Energie umwandeln. (💡 S. 117)

2 Beschreibe in ganzen Sätzen, was in Bild 1 mit der elektrischen Energie passiert.

3 Eine Steckdose ist keine Energiequelle. Begründe.

4 Wähle drei Haushaltsgeräte aus und fertige für jedes Gerät ein Energieschema wie in Bild 2 an.

Die Erfindung der Glühlampe

1 Thomas Alva Edison

2 Heinrich Göbel

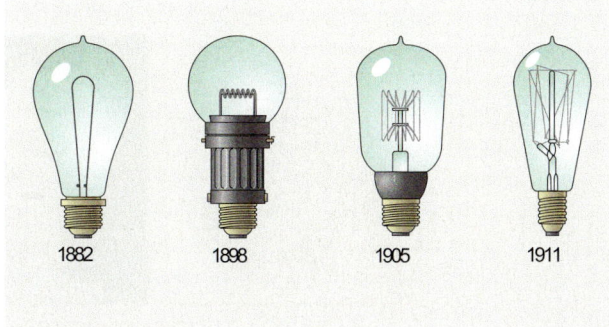

3 Entwicklung der ersten Glühlampen

Die Glühlampe – eine erhellende Erfindung

Die Glühlampe ist eine Erfindung, die die Welt veränderte. Die Glühlampe löste Kerzen und Öllampen ab und brachte Licht in unsere Wohnungen und Städte. Doch wer erfand eigentlich die Glühlampe?

Thomas Alva Edison (1847–1931)

Der amerikanische Erfinder Edison baute im Jahre 1879 eine Glühlampe mit einem Glühdraht aus Kohlefaser. Sie leuchtete 45 Stunden lang. Edison meldete diese Glühlampe zum Patent an, das er 1880 erhielt. Glühlampen konnten sich sehr schnell durchsetzen, weil Edison auch entsprechendes Zubehör zur Verfügung stellen konnte, um sie zu betreiben.

Der Streit um die Glühlampe

Da sich Glühlampen sehr gut verkauften, kam es 1885 zu einem Rechtsstreit zwischen Edison und seinen Konkurrenten. Diese führten vor Gericht an, dass Heinrich Göbel (1818–1893) schon 1854 eine Glühlampe erfunden hätte und somit Edisons Patent ungültig sei. Göbel, ein 1848 nach Amerika ausgewanderter Optiker und Uhrmacher aus Springe bei Hannover, bestätigte dies. Ein New Yorker Gericht konnte 1893 bei der Entscheidung des Rechtsstreits seine Ausführungen nicht widerlegen und fortan galt Göbel als der Erfinder der Glühlampe.

Später Ruhm für Edison

Nachforschungen in den letzten Jahren haben gezeigt, dass Göbel 1854 nicht über die technischen Möglichkeiten verfügte, eine funktionierende Glühlampe zu bauen. Viele Jahre nach seinem Tod gilt nun Edison als ihr eigentlicher Erfinder.

> **Patent**
> das Recht, nur selbst eine Erfindung zu nutzen, nur man selbst darf Geräte dazu bauen

Aufgaben

1. Lies den Text aufmerksam durch. Schreibe drei Fragen auf, deren Antworten im Text zu finden sind. Notiere auch die Antworten auf deine Fragen. Stelle diese Fragen deinem Sitznachbarn und beantworte seine Fragen zum Text.

2. Im Text werden sehr viele Jahreszahlen genannt. Zeichne eine Zeitleiste, die bis heute reicht, und beschrifte sie mit den im Text genannten Ereignissen.

3. Recherchiere, was Edison noch erfunden hat (► S. 112).

3 MATERIAL Elektrischer Strom | Wirkungen und Sicherheit

e5za5a

Energie sparen

Material 1 Lampen gleicher Helligkeit im Vergleich

 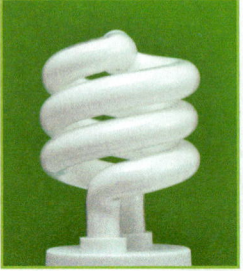  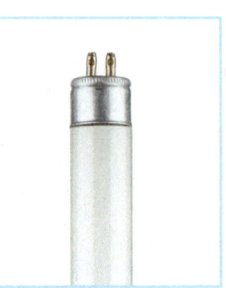

Lampe	Halogen-Lampe	Energie-Sparlampe	LED-Lampe	Leuchtstoffröhre
Preis	0,60 Euro	1,50 Euro	4,10 Euro	3,50 Euro
Kosten für 10 Stunden	15 Cent	3,6 Cent	2,1 Cent	5,4 Cent
Lebensdauer	2 000 Stunden	10 000 Stunden	30 000 Stunden	10 000 Stunden
Umweltverträglichkeit	mittel	schlecht	gut	mittel

Material 2

PRISMA :: ENERGY

→ **Ihre Stromrechnung**

Sehr geehrte Frau Franz,

vielen Dank, dass Sie sich auch dieses Jahr für den elektrischen Strom von Prisma-Energy entschieden haben!

In diesem Jahr beträgt Ihr Rechnungsbetrag **653,27€**. (Zum Vergleich: Im letzten Jahr mussten Sie 412,98€ bezahlen.)

Mit freundlichen Grüßen
Prisma-Energy

Material 3

Der richtige Umgang mit Energie

Aufgaben

1 Lies Material 1.
a) Gib die energiesparendste Lampe an. (💡 S. 117)
b) Ein Raum in eurem Haus benötigt neue Lampen. Triff eine begründete Kaufentscheidung für die Wahl der geeigneten Lampen.

2 Lies Material 2.
a) Gib an, wie viel Euro Frau Franz dieses Jahr mehr bezahlen muss. (💡 S. 117)
b) Nenne mögliche Gründe für die hohe Stromrechnung.
c) Bewerte Maßnahmen, welche die Stromrechnung im kommenden Jahr senken könnten.

3 Schau dir Material 3 an.
a) Bildet vier Gruppen zu den verschiedenen Bildern und findet ein Thema zu eurem Bild.
b) Notiert zu eurem Bild verschiedene Möglichkeiten, Energie zu sparen.
c) Bereitet eine Präsentation eurer Ergebnisse vor der Klasse vor (▶ S. 113).

3 Elektrischer Strom | Wirkungen und Sicherheit

e5za5a

Vorsicht, Strom!

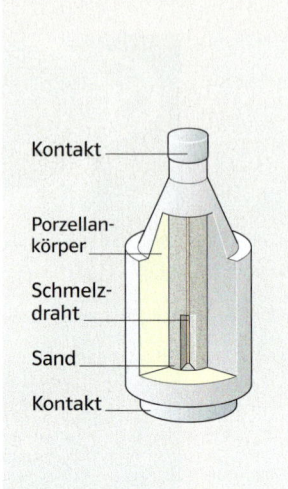

1 Achtung! Strom kann lebensgefährlich sein!   2 Schmelzsicherung   3 Sicherungsautomaten im Haushalt

Strom kann tödlich sein

Bestimmt hast du schon einmal einen **Stromschlag** bekommen, wenn du über einen Teppich gegangen bist und anschließend ein Metallgeländer angefasst hast. Was du da gefühlt hast, war das Zucken deiner Muskeln, die vom elektrischen Strom angeregt wurden. Ein solcher Stromschlag ist ungefährlich. Du kannst dich höchstens erschrecken.

Ein Stromschlag kann aber schlimme Folgen haben, falls der Stromfluss stärker ist. Dies ist z. B. dann der Fall, wenn der Strom aus der Steckdose kommt. Weil unser Herz durch elektrische Signale gesteuert wird, kann ein Stromschlag das Herz aus dem Takt bringen oder sogar zum Stillstand bringen. (▶ Wechselwirkung, S. 104/105)

Kurzschluss

Im Haushalt entsteht ein **Kurzschluss**, wenn sich elektrische Leitungen berühren. Dies kann passieren, wenn elektrische Kabel in der Wand angebohrt werden.

Bei einem Kurzschluss fließt der Strom direkt von einem Pol der Spannungsquelle zum anderen Pol.

Bei einem Kurzschluss kann ein Brand entstehen.

Sicherungen

Sicherungen schützen uns bei einem Kurzschluss.

Die einfachsten Sicherungen sind die **Schmelzsicherungen** (▷ B 2). Schmelzsicherungen bestehen aus einem dünnen Draht, der von einem Porzellankörper umgeben ist. Wenn der Stromfluss zu stark wird, dann wird der Draht heiß und schmilzt durch. Der Stromkreis ist dann unterbrochen.

Im Haushalt findest du häufig **Sicherungsautomaten** (▷ B 3). Dort schmilzt kein Draht, sondern es wird ein Schalter umgelegt. Wenn die Störung beseitigt ist, dann kannst du den Schalter und damit auch den Stromkreis wieder schließen.

Schutzleiter und FI-Schalter schützen zusätzlich

Im Haus haben elektrische Leitungen einen **Schutzleiter**, den du an seiner gelb-grünen Markierung erkennst (▷ B 5). Durch den Schutzleiter fließt gewöhnlich kein Strom.

---

aus dem Takt bringen
den Rhythmus stören, unregelmäßig machen

4 Ein FI-Schalter unterbricht den Stromkreis bei Gefahr.

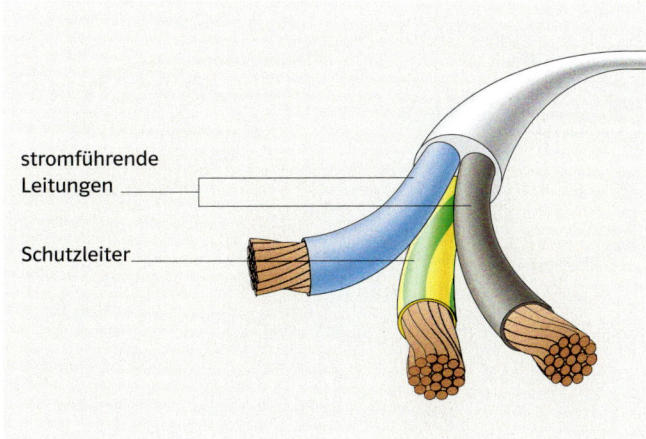

5 Der Schutzleiter schützt zusätzlich.

Wenn aber ein elektrisches Gerät beschädigt ist, kann es passieren, dass eine stromführende Leitung das Metallgehäuse dieses Geräts berührt. Dann fließt ein Strom durch den Schutzleiter.

Der **FI-Schalter** (Fehlerstromschutzschalter, ▷ B 4) oder eine gewöhnliche Sicherung unterbricht dann den Stromkreis.

Bei einem Kurzschluss fließt der Strom direkt von einem Pol der Spannungsquelle zum anderen Pol. Sicherungen unterbrechen den Stromkreis und bieten Schutz bei einem Kurzschluss.

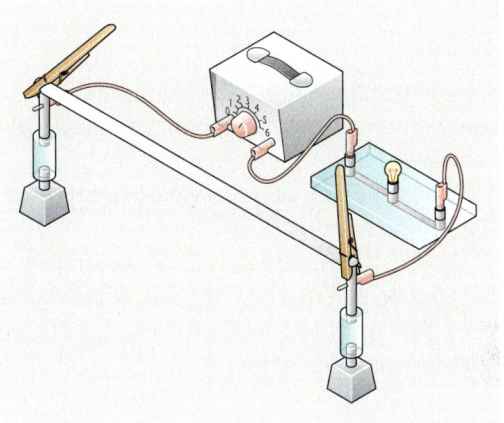

6 Schaltungsaufbau zu Versuch 1 – vor dem Kurzschluss

Aufgaben

1 Beschreibe, was passiert, wenn ein Mensch einen Stromschlag erleidet. (💡 S. 117)

2 Beschreibe den Zweck von Sicherungen. (💡 S. 117)

3 Informiere dich, wo sich bei euch zu Hause der Sicherungskasten befindet. Beschreibe, wie die Sicherungen aussehen.

4 Erkläre, wie der Schutzleiter (▷ B 5) vor Unfällen mit elektrischem Strom schützt.

5
a) Stelle Verhaltensregeln auf, um dich vor einem Stromschlag zu schützen. Erstelle ein Plakat dazu (▶ S. 103).

b) Recherchiere, was man unternehmen muss, wenn jemand einen Stromschlag bekommen hat (▶ S. 103).

6 Begründe, warum man im Badezimmer besonders vorsichtig mit elektrischen Geräten umgehen muss.

Versuch

1 Eine Lampe wird an ein Netzgerät angeschlossen. In den Stromkreis wird ein dünner Aluminiumstreifen gespannt (▷ B 6). Beschreibe die Folgen, wenn man die Lampe mit einem Kabel überbrückt.

3 ZUSAMMENFASSUNG Elektrischer Strom

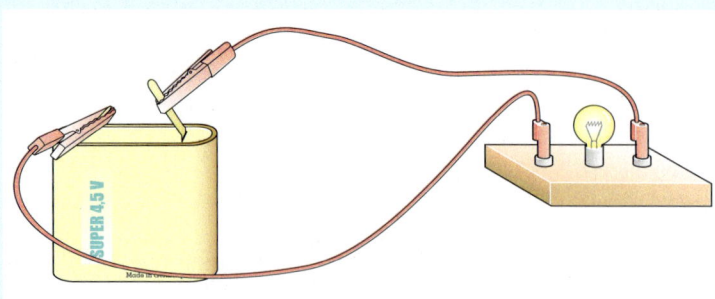

1 Stromkreis

Der elektrische Stromkreis
Der elektrische Stromkreis führt von einem Pol der Spannungsquelle über ein elektrisches Gerät zum anderen Pol der Spannungsquelle.

Elektrische Geräte
Ein elektrisches Gerät kann nur funktionieren, wenn es an eine Spannungsquelle angeschlossen wird. Außerdem muss der Stromkreis geschlossen sein. Bei vielen Geräten ist die Polung wichtig.
　Elektrische Geräte sind Energiewandler. Sie können elektrische Energie z. B. in Wärme oder Licht umwandeln. Elektrische Geräte erleichtern unseren Alltag.

Der elektrische Strom
Elektrischer Strom ist die Bewegung von Stromteilchen. Die Stromteilchen können sich besonders gut in Metallen bewegen.
　Elektrischer Strom ist an seinen Wirkungen erkennbar. Diese sind die Wärmewirkung, die Lichtwirkung und die magnetische Wirkung.

Elektrische Leitfähigkeit
Manche Stoffe leiten den elektrischen Strom. Zu ihnen gehören Eisen und Kupfer. Sie werden elektrische Leiter genannt.
　Stoffe, die den elektrischen Strom nicht leiten, werden Isolatoren (Nichtleiter) genannt. Zu ihnen gehören viele Kunststoffe.

Schaltpläne
Mit einem Schaltplan kann man elektrische Stromkreise übersichtlich darstellen. Jedes elektrische Bauteil wird durch ein Schaltzeichen dargestellt.

Reihen- und Parallelschaltung
In einer Reihenschaltung sind alle Bauteile hintereinander in einen Stromkreis geschaltet.
　In einer Parallelschaltung bildet jede Lampe zusammen mit der Spannungsquelle einen eigenen Stromkreis.

Schalter
Schalter findet man in vielen Elektrogeräten. Mit Schaltern kann der elektrische Stromkreis unterbrochen werden.

UND-Schaltung und ODER-Schaltung
Bei der UND-Schaltung ist der Stromkreis nur dann geschlossen, wenn alle Schalter geschlossen sind.
　Bei der ODER-Schaltung ist der Stromkreis geschlossen, wenn ein Schalter oder mehrere Schalter geschlossen sind.

Elektrische Energie sparen
Elektrische Energie muss bezahlt werden. Durch die Wahl des richtigen elektrischen Geräts (z. B. der richtigen Lampe) kann elektrische Energie eingespart werden.

Kurzschluss und Sicherungen
Bei einem Kurzschluss fließt der Strom direkt von einem Pol der Spannungsquelle zum anderen Pol. Sicherungen unterbrechen bei einem Kurzschluss den Stromkreis.

Elektrischer Strom **TESTE DICH SELBST 3**

1 Europa bei Nacht

1 Nenne drei Beispiele für Spannungsquellen.
▶ S. 84/85

2 Gib an, ab wie viel Volt Lebensgefahr besteht.
▶ S. 84/85

3 Nenne die drei Wirkungen des elektrischen Stroms.
▶ S. 93

4 Beschreibe anhand von drei Beispielen, wie dir elektrische Geräte im Alltag helfen.
▶ S. 95

5 Beschreibe, was man unter einem Kurzschluss versteht.
▶ S. 100/101

6 In einem Stromkreis befinden sich zwei Lampen und eine Batterie.
a) Zeichne den Schaltplan einer Reihenschaltung.
b) Zeichne den Schaltplan einer Parallelschaltung.
▶ S. 88/89

7
a) Nenne ein elektrisches Gerät, das mit einer UND-Schaltung betrieben wird.
b) Begründe, warum dieses Gerät mit einer UND-Schaltung betrieben wird.
▶ S. 90/91

8 Beschreibe, wie du einen Stromkreis aufbauen musst, damit eine Glühlampe leuchtet. Verwende hierbei folgende Begriffe: Spannungsquelle, Pol, elektrischer Strom, Glühlampe, Kabel.
▶ S. 77

9 Erkläre, wie du einen elektrischen Leiter und einen Isolator unterscheiden kannst.
▶ S. 79

10 Erkläre die Vorteile von Schaltplänen und einheitlichen Schaltzeichen.
▶ S. 86/87

11 Überlege dir eine Schaltung mit drei Lampen (A, B und C), für die gilt: Dreht man die Lampe C heraus, leuchtet keine Lampe mehr. Wird Lampe B herausgedreht, so leuchten die Lampen A und C.
▶ S. 88/89

12 Beschreibe die Energieumwandlungen, die in einem Toaster, einer Lampe und in einem Ventilator stattfinden.
▶ S. 96

▶ Lösungen auf der Seite 119

BASISKONZEPTE

Wechselwirkung

„Kleine Ursache – große Wirkung!" Ein Beispiel für diesen Satz kennst du als Domino-Effekt: Wenn man nur einen einzigen Domino-Stein leicht antippt, kann diese kleine Ursache für eine große Wirkung sorgen. Tausende Domino-Steine können nacheinander umfallen.

Auf eine Ursache folgt immer eine Wirkung. Nur wenn man den Zusammenhang zwischen der Ursache und der Wirkung kennt, kann man Vorhersagen über Abläufe treffen.

Wechselwirkung von Magneten

Nähert man zwei Magnete einander an, dann wirken sie aufeinander ein: Wenn man zwei Nordpole (oder zwei Südpole) einander nähert, dann stoßen sie sich ab. Wenn man einen Nordpol und einen Südpol einander nähert, dann ziehen sie sich an. Man sagt: Die Magnete wechselwirken miteinander. Aus der Anziehung und Abstoßung haben Naturwissenschaftler die magnetischen Polgesetze abgeleitet: Gleichnamige Pole stoßen sich ab, ungleichnamige Pole ziehen sich an.

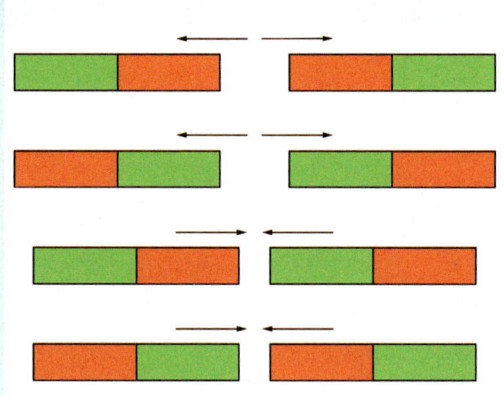

Die magnetischen Polgesetze

Farbe und Absorption

Im Sommer können wir uns mit der Auswahl der Kleidung mehr oder weniger vor der Hitze schützen. Zwischen der Farbe der Kleidung und der Wärmemenge, die sie aufnimmt, besteht ein Zusammenhang: Helle Kleidung bewirkt, dass die Strahlung der Sonne reflektiert wird. Dadurch erwärmt sie sich schwächer als dunkle Kleidung.
Denn dunkle Kleidung reflektiert weniger Strahlung und absorbiert die Strahlung stärker. Aus dem gleichen Grund sind Gebäude in Gebieten mit starker Sonneneinstrahlung auch meistens weiß angestrichen.

Weiß gestrichene Häuser in Südeuropa

Wirkungen des elektrischen Stroms

Der elektrische Strom hat verschiedene Wirkungen: Bei einer Lampe siehst du die Lichtwirkung. Beim Elektroherd merkst du die Wärmewirkung. Beim Elektromagneten erkennst du die magnetische Wirkung. Ein Elektromotor bewirkt eine Bewegung.

Gefährdung durch Strom

Elektrischer Strom kann gefährlich sein. Bei einem Kurzschluss zum Beispiel kann ein Brand entstehen. Um dies zu verhindern, gibt es in jedem Haushalt Sicherungen.
Der elektrische Strom kann auch tödliche Folgen haben, wenn er durch den menschlichen Körper fließt. Um uns zu schützen, ist in den Stromkreisen eines Haushalts ein Fehlerstrom-Schutzschalter (FI-Schalter) eingebaut. Dieser unterbricht den Stromkreis, sobald der Strom einen nicht vorgesehenen Weg nimmt (z.B. durch den menschlichen Körper).

Der elektrische Strom kann gefährlich sein.

Aufgaben

1. Ergänze:
   a) Zwei ungleichnamige Pole ...
   b) Zwei gleichnamige Pole ... (S. 117)

2. Nenne die Wirkung des elektrischen Stroms, die wir beim Föhnen der Haare nutzen. (S. 117)

3. In welchen Gebieten sind die Häuser meist weiß gestrichen? Begründe deine Antwort.
   Verwende dabei die Wörter „Ursache" und „Wirkung".

4.
   a) Beschreibe, welche gefährlichen Wirkungen der elektrische Strom haben kann.
   b) Erläutere, wie man sich davor schützen kann.
   c) Erkläre folgenden Satz: „Die Sicherung schützt das Haus, der FI-Schalter den Menschen."

BASISKONZEPTE

System

In allen Bereichen der Physik hast du es mit Systemen zu tun. Man spricht von einem System, wenn mehrere Elemente (Einzelteile) zusammen eine Einheit bilden. Dabei erfüllt jedes Element eine bestimmte Aufgabe. Jedes Element trägt zum Funktionieren des Systems bei.

In der Physik untersucht und beschreibt man die Funktionen der einzelnen Elemente. Außerdem wird geprüft, wie sich die einzelnen Elemente des Systems gegenseitig beeinflussen.

Elektrische Stromkreise

Ein einfacher Stromkreis aus einer Batterie, einer Glühlampe, einem Schalter und Leitungen ist ein System. Wenn das System funktioniert, dann leuchtet die Lampe. Voraussetzung ist, dass alle Elemente richtig miteinander verbunden sind. Außerdem müssen die Teile zueinander passen. Wenn z. B. Lämpchen und Batterie nicht zusammenpassen, kann die Lampe beschädigt werden oder sie leuchtet gar nicht.

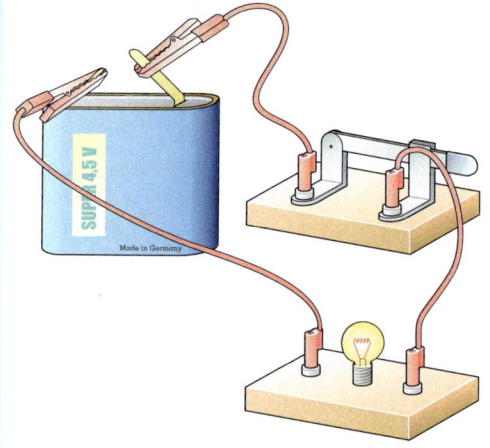

Ein Stromkreis besteht aus mehreren Teilen.

Elektromagnete

Jeder Elektromagnet ist ein System. Die wichtigsten Elemente dieses Systems sind eine Spannungsquelle und eine Spule (ein aufgewickelter Draht).
Nur wenn Strom durch die Spule fließt, dann entsteht ein Magnetfeld. Der Elektromagnet kann Gegenstände anziehen, die z. B. Eisen enthalten. Ohne Strom funktioniert das System nicht mehr.

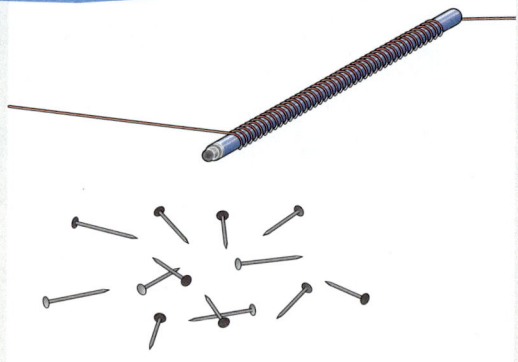

Selbst gebauter Elektromagnet

Sonne – Erde – Mond

Diese drei Himmelskörper sind Teile eines großen Systems. Sonne, Erde und Mond sind in Bewegung. Ihre Bewegungen und verschiedenen Stellungen zueinander führen zu verschiedenen Phänomenen.
Die Stellung von Sonne und Erde zueinander bestimmt Tag und Nacht, die Uhrzeit in den verschiedenen Zeitzonen und die Jahreszeiten. Nimmt man den Mond hinzu, so ergeben sich die Mondphasen aus den Stellungen von Sonne, Mond und Erde. Machmal kommt es auch zu Sonnen- und Mondfinsternissen.

Tag und Nacht auf der Erde

Das Auge

Auch unser Auge ist ein System. Es besteht aus vielen Elementen, z. B. aus der Linse, der Pupille, dem Glaskörper und der Netzhaut.
Man kann das komplizierte System „Auge" nachahmen mit einem einfachen System aus einer Linse und einem Auffangschirm. Nur wenn alle Elemente aufeinander abgestimmt sind, entsteht ein scharfes Bild.

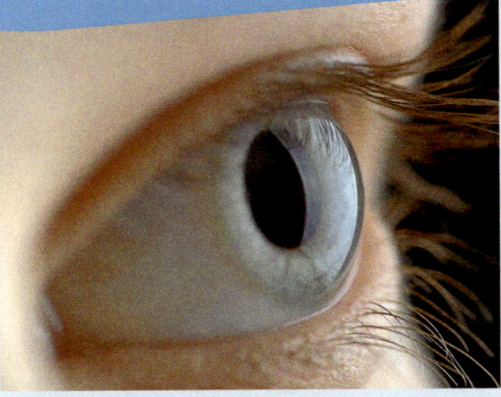
Unser Auge ist ein System aus vielen Elementen.

Aufgaben

1 Nenne ein Beispiel für ein System. (S. 117)

2 Nenne die wichtigsten Elemente eines Elektromagneten. (S. 117)

3
a) Zeichne einen Stromkreis aus einer Batterie, einer Glühlampe, einem Schalter und Kabeln.
b) Begründe, warum es sich dabei um ein System handelt.

4 Erkläre mit eigenen Worten, was ein System ist.

5 Begründe, warum Sonne, Erde und Mond ein System darstellen.

STRATEGIEN

Arbeiten mit dem Buch

Die große **Überschrift** sagt dir, worum es auf der Seite geht.

Ganz oben auf jeder Seite findest du das **Kapitel** und das **Teilkapitel**.

Elektrischer Strom | Stromkreise und Schaltungen 3

Schalter

Die **Zwischenüberschrift** sagt dir, worum es im folgenden Abschnitt geht.

Fachwörter, die du nicht mehr weißt, kannst du im **Glossar** im Anhang nachschlagen. Wenn du das Wort dort nicht findest, sieh im **Stichwortverzeichnis** nach.

Mit dem **Zeilenzähler** kannst du in Gesprächen genau sagen, um welche Textstelle es geht.

Neue Fachwörter erkennst du daran, dass sie fett hervorgehoben sind.

Achte auf diese Textstellen:

„z. B." ist die Abkürzung für „zum Beispiel".

„**Wenn ..., dann ...**" beschreibt einen festen naturwissenschaftlichen Zusammenhang.

„**Im Folgenden ...**" sagt dir, dass weitere Erläuterungen oder Hinweise zum Thema folgen.

1 Der Wippschalter ist ein Beispiel für einen EIN-AUS-Schalter.

2 Querschnitt eines Wippschalters

Bildverweise weisen dich auf Bilder hin, die zur Textstelle passen.

Zweck eines Schalters
Schalter können unterschiedlich aussehen. Alle Schalter haben aber denselben Zweck: Schalter sollen den Stromkreis unterbrechen oder schließen.

EIN-AUS-Schalter
Wenn du abends ein dunkles Zimmer betrittst, schaltest du das Licht am Lichtschalter ein. Wenn du das Zimmer verlässt, schaltest du das Licht aus. Der Stromkreis muss dauerhaft geschlossen oder unterbrochen sein, nachdem du den Schalter betätigt hast. Einen solchen Schalter bezeichnet man als **EIN-AUS-Schalter**.

Ein besonderer EIN-AUS-Schalter ist der **Wippschalter** (▷ B 1, B 2).

Taster
Die Haustürglocke soll nur so lange läuten, wie jemand auf den Klingelknopf drückt. Dazu verwendet man einen so genannten **Taster**. Wenn der Taster gedrückt wird, dann schließt ein Kontaktstück aus Blech den Stromkreis: Es läutet. Wenn man den Taster loslässt, dann federt das Kontaktstück zurück: Der Stromkreis ist wieder unterbrochen.

Schalter unterbrechen oder schließen den elektrischen Stromkreis.

Für **unterstrichene Wörter** findest du eine einfache Erklärung in der Randspalte.

unterbrochen
nicht verbunden, Gegenteil von geschlossen

Kontaktstück
kann eine Verbindung herstellen

Den **Merksatz** erkennst du an der Farbe. Er fasst die wichtigsten Inhalte der Seite kurz zusammen und hilft dir beim schnellen Nachschlagen.

Aufgaben

1 Beschreibe den Zweck von Schaltern im elektrischen Stromkreis.

2 Beschreibe den Unterschied zwischen einem EIN-AUS-Schalter und einem Taster.

3 Ist der Wippschalter ein Taster oder ein EIN-AUS-Schalter? Ordne zu.

4 Beschreibe jeweils drei Beispiele für die Verwendung von Tastern und EIN-AUS-Schaltern im Alltag.

5 Recherchiere weitere Schalterarten und notiere ihre Namen (▶ S. 112).

6 Erstelle eine Mind-Map zu den verschiedenen Schaltern.

7 Zeichne den Querschnitt eines Tasters. Beachte, dass der Taster den Stromkreis beim Drücken schließt.

Seitenverweise weisen dich auf Seiten mit ergänzenden oder hilfreichen Inhalten hin.

Die **Aufgaben** stehen immer unten auf der Seite. Zu den mit ○ gekennzeichneten Aufgaben findest du Hilfen im Anhang.

81

108

STRATEGIEN

Texte verstehen

„Lest bis zur nächsten Stunde den Text über das Thermometer", sagt die Lehrerin. „Ich möchte, dass ihr dann Fragen dazu beantworten könnt."

Leseprofis haben Lesetechniken, die das Lesen von Texten erleichtern. Hier lernst du eine Lesetechnik kennen. Halte dich an die folgende Reihenfolge.

1 Deine Vorbereitung
Möchtest du den Inhalt eines Textes verstehen, musst du dir Notizen machen und wichtige Begriffe markieren.

Auf einer gedruckten Schulbuch-Seite darfst du nicht schreiben. Besorge dir eine Folie. Diese kannst du auf den Text legen und mit wasserlöslichen Stiften beschreiben.

2 Überfliege zuerst ...
Überfliege den Text zuerst und verschaffe dir einen Überblick:
– Wie lautet das Thema?
– Was bedeuten die Begriffe?
– Was zeigen die Bilder?

3 ... schau dann genau hin
Lies jetzt den Text genau. Dann kannst du dich später auch an die Einzelheiten erinnern.

4 Kläre unbekannte Wörter
Unterstreiche alle Begriffe, die du nicht verstehst. Schlage sie in einem Lexikon nach, recherchiere dazu im Internet oder erfrage sie.

5 Markiere Wichtiges
Markiere wichtige Begriffe mit einem Textmarker. Beachte dabei, dass du nie mehr als zwei oder drei hintereinander stehende Wörter markierst. Ansonsten verlierst du die Übersicht. Nimm für jedes Teilthema eine andere Farbe.
Verwende Symbole:
? das ist mir unklar
! das ist wichtig

6 Erstelle einen Stichwortzettel
Erstelle am Schluss einen Stichwortzettel: Schreibe dazu die wichtigsten Begriffe auf und ergänze kurze Notizen dazu.

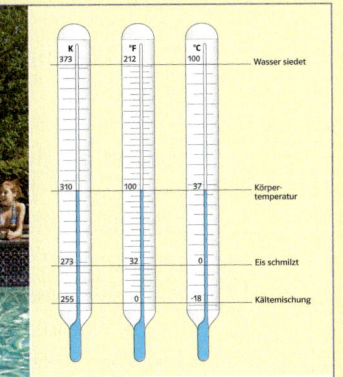

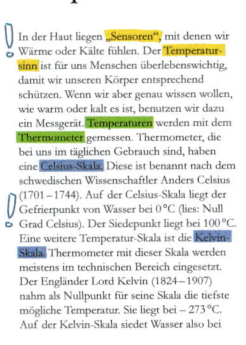

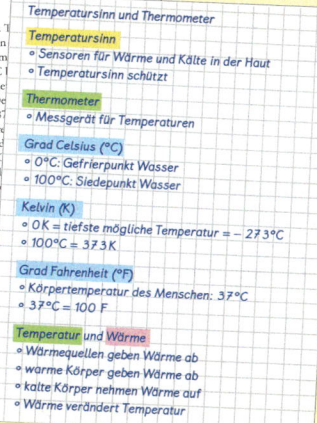

109

Aufgaben verstehen

Jede Aufgabe hat eine bestimmte Funktion. Manche möchten überprüfen, was du über eine Sache schon weißt. Andere Aufgaben testen zum Beispiel, wie gut du einen Inhalt verstanden hast.

1 Bereite dich vor
Nimm dir deine Unterlagen, die du im Unterricht verwendest. Dies können zum Beispiel dein Heft, Arbeitsblätter oder Bücher sein. Lege zusätzlich einen Stift und ein leeres Blatt Papier bereit.

2 Lesen der Aufgaben
Lies dir zuerst alle Aufgaben durch, die du bearbeiten sollst. Was wird von dir gefordert?

3 Aufgaben abschreiben
Es ist sinnvoll, die Aufgaben abzuschreiben. So kannst du darunter die Antwort schreiben und weißt immer, wozu die Antworten gehören, die du aufgeschrieben hast.

4 Was genau ist zu tun?
Die Aufgaben enthalten Verben, die dich auffordern, etwas zu tun (▷ B 1). Beispiele sind: nenne, erläutere und bewerte.
Wenn du nicht genau weißt, was damit gemeint ist, findest du eine Liste der Verben zum Ausklappen am Beginn des Buches. Hier kannst du die Aufforderungen nachschlagen, die dir unklar sind.
Es ist wichtig zu wissen, was gefordert ist, damit du nichts vergisst, aber auch nicht zu viel machst.

5 Leicht oder schwer?
Aufgaben können unterschiedlich schwer sein. Im Buch sind die Aufgaben nach ihrer Schwierigkeit sortiert und mit Symbolen gekennzeichnet.
Die Erklärung zu den Symbolen findest du auch auf der Klappe am Anfang des Buches.

6 Welche Aufgabe zuerst?
Häufig ist es sinnvoll, mit den Aufgaben zu beginnen, die dir leichtfallen.
Notiere dir daher im nächsten Schritt, bei welchen Aufgaben du das Gefühl hast, dass du sie leicht beantworten kannst.

7 Wo liegt mein Problem?
Welche Aufgaben kannst du nicht so einfach beantworten? Mache dir zu jeder Aufgabe eine kurze Notiz, warum du die Aufgabe nicht beantworten kannst.

8 Nutze Hilfen
Nutze deine Materialien (z. B. Heft oder Buch). Im Glossar kannst du nach Begriffen suchen, die dir noch nicht ganz klar sind (▶ S. 122). Du kannst auch deine Mitschüler fragen, wenn du etwas noch nicht verstanden hast. Außerdem findest du im Anhang für alle leichten Aufgaben zusätzlich Hilfen (▶ S. 114).

9 Notiere die Antworten
Beantworte die Aufgaben und lass noch etwas Platz unter deinen Antworten. Vielleicht möchtest du später noch etwas ergänzen. Auch Aufgaben, die du nur zum Teil beantworten kannst, solltest du so weit bearbeiten, wie du kannst.

Aufgaben

○ 1 Nenne ein Modell.
Antwort 1: Spielzeugauto.

◐ 2 Erläutere das Modell.
Antwort 2: Das Spielzeugauto hat die Form eines Autos. Es hat Türen und kann fahren. Ist aber kleiner als ein echtes Auto.

● 3 Bewerte das Modell.
Antwort 3: Das Spielzeugauto kann fahren und sieht ähnlich aus. Es fährt aber mit Batterien statt mit Benzin und ist viel kleiner. Es ist also schon ein sehr gutes Modell, unterscheidet sich aber auch deutlich vom echten Auto.

1 Aufgaben unterscheiden sich.

STRATEGIEN

Wir erstellen ein Versuchsprotokoll

Naturwissenschaftler notieren sich genau, wie ein Experiment durchgeführt wird und was sie dabei beobachten. Diese Notizen nennt man Versuchsprotokoll. Ein Versuchsprotokoll hilft, Versuche zu vergleichen und sich darüber zu unterhalten. Versuchsprotokolle sind immer gleich aufgebaut.

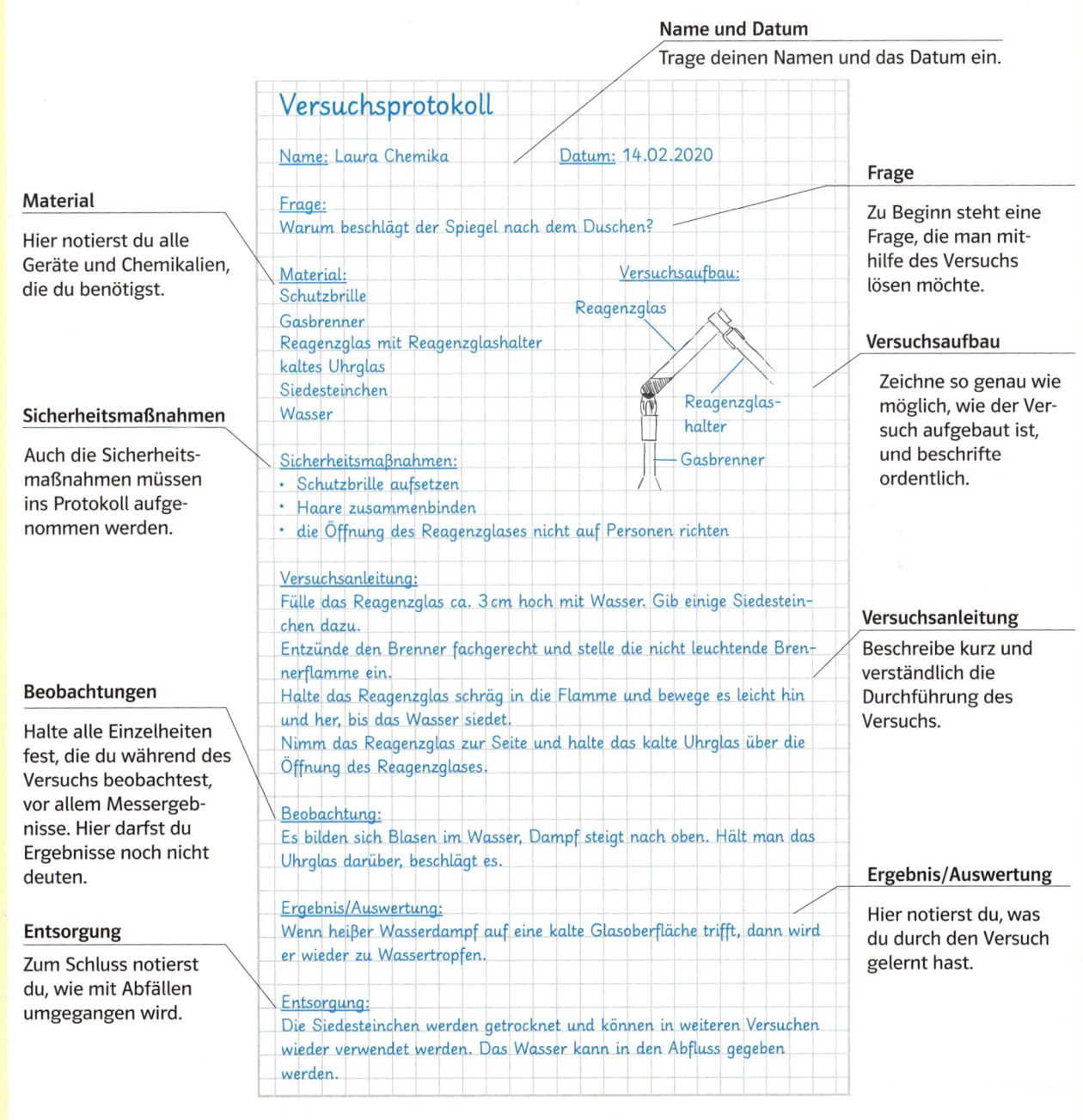

Name und Datum
Trage deinen Namen und das Datum ein.

Material
Hier notierst du alle Geräte und Chemikalien, die du benötigst.

Sicherheitsmaßnahmen
Auch die Sicherheitsmaßnahmen müssen ins Protokoll aufgenommen werden.

Beobachtungen
Halte alle Einzelheiten fest, die du während des Versuchs beobachtest, vor allem Messergebnisse. Hier darfst du Ergebnisse noch nicht deuten.

Entsorgung
Zum Schluss notierst du, wie mit Abfällen umgegangen wird.

Frage
Zu Beginn steht eine Frage, die man mithilfe des Versuchs lösen möchte.

Versuchsaufbau
Zeichne so genau wie möglich, wie der Versuch aufgebaut ist, und beschrifte ordentlich.

Versuchsanleitung
Beschreibe kurz und verständlich die Durchführung des Versuchs.

Ergebnis/Auswertung
Hier notierst du, was du durch den Versuch gelernt hast.

Versuchsprotokoll

Name: Laura Chemika   Datum: 14.02.2020

Frage:
Warum beschlägt der Spiegel nach dem Duschen?

Material:
Schutzbrille
Gasbrenner
Reagenzglas mit Reagenzglashalter
kaltes Uhrglas
Siedesteinchen
Wasser

Sicherheitsmaßnahmen:
- Schutzbrille aufsetzen
- Haare zusammenbinden
- die Öffnung des Reagenzglases nicht auf Personen richten

Versuchsanleitung:
Fülle das Reagenzglas ca. 3 cm hoch mit Wasser. Gib einige Siedesteinchen dazu.
Entzünde den Brenner fachgerecht und stelle die nicht leuchtende Brennerflamme ein.
Halte das Reagenzglas schräg in die Flamme und bewege es leicht hin und her, bis das Wasser siedet.
Nimm das Reagenzglas zur Seite und halte das kalte Uhrglas über die Öffnung des Reagenzglases.

Beobachtung:
Es bilden sich Blasen im Wasser, Dampf steigt nach oben. Hält man das Uhrglas darüber, beschlägt es.

Ergebnis/Auswertung:
Wenn heißer Wasserdampf auf eine kalte Glasoberfläche trifft, dann wird er wieder zu Wassertropfen.

Entsorgung:
Die Siedesteinchen werden getrocknet und können in weiteren Versuchen wieder verwendet werden. Das Wasser kann in den Abfluss gegeben werden.

STRATEGIEN

Recherchieren im Internet

Suchst du im Internet bestimmte Informationen, hilft dir dabei eine Suchmaschine:
1. Gib in das Suchfeld deinen gesuchten Begriff ein, z. B. „Naturwissenschaften".
2. Sieh dir die Ergebnisse an. Ist schon das Passende dabei?
3. Verfeinere die Suche, falls nötig. Wenn du z. B. mehr über Berufe in den Naturwissenschaften wissen willst, ergänze deinen Suchbegriff zu „Berufe Naturwissenschaften".

Misstrauen schadet nicht
Nicht bei allen Seiten sind die wahren Absichten des Verfassers sofort zu erkennen. Manche Ergebnisse zeigen Werbe- oder Verkaufsseiten an. Versuche deshalb immer, folgende Fragen zu beantworten: **Wer** hat hier mit **welcher** Absicht **welche** Information ins Internet gestellt? Entscheide anschließend, ob du der Seite vertrauen möchtest.

Quellenangaben nicht vergessen
Wenn du eine Internetseite für ein Referat benutzt, dann musst du sie als Quelle angeben. Schreibe dazu die Adressen der Internetseiten auf oder kopiere sie aus der Adresszeile. Da Internetseiten häufig geändert werden, musst du auch angeben, wann du die Seite besucht hast.

Gruppenarbeit

Gruppenarbeit oder „Teamwork" ist in vielen Berufen wichtig: im Krankenhaus, in der Autowerkstatt, im Büro, im Kindergarten … Auch in der Schule kommst du bei vielen Aufgaben schneller zum Ziel, wenn du mit anderen zusammenarbeitest.

Regeln für die Gruppenarbeit

- Die Gruppengröße: Die Gruppe sollte aus höchstens drei bis vier Mitgliedern bestehen. Dann können alle gleich gut mitarbeiten.

- Eine gute Mischung: In jeder Gruppe sollten Jungen und Mädchen vertreten sein. Diejenigen, die schon etwas zum Thema wissen, und andere, die noch nichts wissen, sollten sich zusammentun.

- Protokollieren: Notiert alles, was ihr vereinbart. Protokolliert auch alle eure Ergebnisse.

- Die Verteilung der Aufgaben: Sprecht ab, wer welche Aufgaben übernimmt. Achtet darauf, dass die Aufgaben gleichmäßig und gerecht verteilt sind.

- Gute Planung: Vereinbart Termine. Bis wann sollen welche Aufgaben erledigt sein? Wann wollt ihr euch treffen, um die Ergebnisse zu besprechen? Wie wollt ihr sie präsentieren?

- Lob und Kritik: Geht freundlich miteinander um. Sprecht zum Schluss darüber, was gut geklappt hat und was vielleicht nicht. Was würdet ihr beim nächsten Mal anders machen?

STRATEGIEN

Ergebnisse präsentieren: Vortrag

Bei einem Vortrag musst du vor der Klasse sprechen. Folgende Tipps helfen dir:

- Nenne am Anfang immer erst mal das Thema.
- Sprich laut und deutlich.
- Schaue deine Zuhörer an.
- Trage die Ergebnisse möglichst frei vor. Das geht gut, wenn du wichtige Sätze vorher geübt hast.
- Erzähle lebendig und mit Begeisterung.
- Verwende verständliche Wörter. Neue, wichtige Fachbegriffe darfst und sollst du natürlich auch verwenden.
- Schreibe wichtige Informationen an die Tafel, z. B. Fachbegriffe.
- Zeige Bilder oder Gegenstände.
- Überlege dir vorher, was du in welcher Reihenfolge erzählst. Du kannst dazu Stichpunkte auf ein Kärtchen schreiben.

Ergebnisse präsentieren: Plakat

Ein Plakat dient dazu, ein fachliches Thema klar und verständlich darzustellen. Beachte folgende Tipps zur Gestaltung:

- Schreibe die Überschrift groß und deutlich.
- Verwende Bilder. Die Bilder zeigen das Thema verständlich und nachvollziehbar.
- Schreibe nur wenig Text in kurzen Sätzen.
- Unterteile dein Plakat in einzelne Abschnitte. Jeder Abschnitt erklärt einen Teil des Themas. Benutze am besten Farben für die verschiedenen Abschnitte.

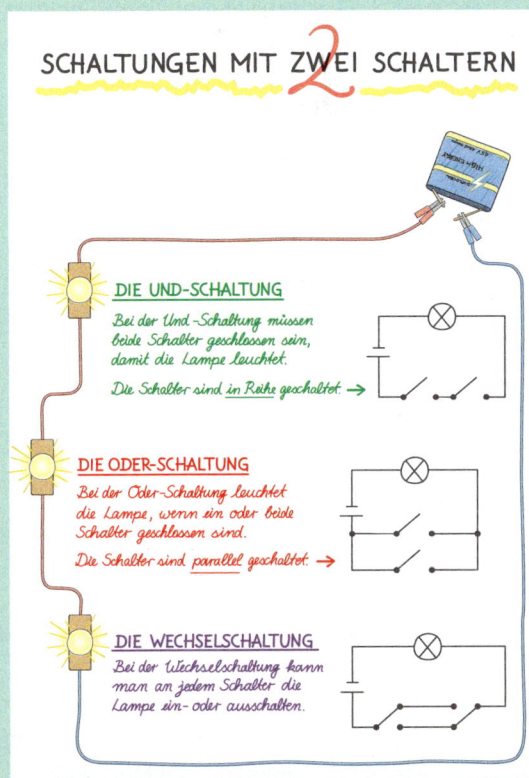

HILFEN ZU DEN AUFGABEN

1 Magnetismus

Seite 6/7
1
a) Gib die Überschriften der Karten an.

2
a) Lies die erste Antwort von Frau Hartmann.
b) Lies die Karte zur Astronomie aus Material 1.

Seite 8/9
1 Bei dem Lösungswort handelt es sich um dein neues Fach.

2 Vervollständige die Satzanfänge:
- Im Fachraum darf weder …
- Beim Arbeiten mit Gasbrennern, Kerzen, heißen Geräten oder heißen Flüssigkeiten …
- Schals musst du …
- Kopftücher sollten aus … bestehen. Kopftücher sollten so gebunden werden, dass …
- Trage beim Experimentieren mit dem Gasbrenner …
- Achte darauf, dass der Versuchsaufbau …
- Setze bei Versuchen mit elektrischem Strom …

Seite 13
1 Du findest die Stoffe im Text zwischen den Zeilen 14 und 22.

Seite 14/15
1 Die Lösung findest du am Anfang des Textes (Zeilen 1–6).

2 Bilde zwei Sätze:

| Zwei gleichnamige | Magnetpole | stoßen sich ab. |
| Zwei ungleichnamige | | ziehen sich an. |

Seite 17
1
- Magnetisieren: Lies dazu den Text zwischen den Zeilen 1 und 6.
- Entmagnetisieren: Lies dazu den Text zwischen den Zeilen 16 und 22.

Seite 18/19
1 Lies dazu den Text zwischen den Zeilen 10 und 25.

2 Zur Lösung musst du beschreiben, wie die Elementarmagnete in Bild 2 (oben) angeordnet sind.

3
a) Die Lösung wird in den Zeilen 57–60 beschrieben.

Seite 20/21
1 Mit dem gesuchten Fachbegriff wird der Raum um einen Magneten beschrieben, in dem die magnetischen Kräfte wirken. Lies dazu den Text zwischen den Zeilen 13 und 21.

2 Im Text findest du zwei Wirkungen, an denen du ein magnetisches Feld erkennst. Lies dazu die Zeilen 13 bis 21.

Seite 24/25
1 Trage die vier Begriffe in die folgende Tabelle ein:

Nordhalbkugel	Südhalbkugel
geographischer _____	geographischer _____
magnetischer _____	magnetischer _____

Seite 28/29
1 Es geht um drei Teile. Es geht nur um den Kompass in der linken Spalte.

2 Optik

Seite 34/35
1 Bilde zwei Sätze: Siehe Bild 1 unten.

HILFEN ZU DEN AUFGABEN

2 Ordne zu:

Taschenlampe	beleuchteter Körper
Buchseite	selbstleuchtender Körper
Taschenlampe	Sender
Daniels Augen	Empfänger

Seite 37
1 Die Antwort findest du in den Zeilen 1–5.

Seite 39
1 Je kleiner der Abstand des Gegenstandes von der Lochblende ist, desto ____ wird das Bild.
Je größer der Abstand des Gegenstandes von der Lochblende ist, desto ____ wird das Bild.
Je größer der Abstand des Schirms von der Lochblende ist, desto ____ wird das Bild.
Je kleiner der Abstand des Schirms von der Lochblende ist, desto ____ wird das Bild.

Seite 40/41
1 Orientiere dich an Bild 1 oder an den Zeilen 8–17.

2 Betrachte Bild 1 und lies die Zeilen 18–24.

3
a) Die Begriffe findest du im Textabschnitt mit der Überschrift „Warum entsteht ein Schatten?" (Zeilen 8–17).

Seite 43
1 Vergleiche die Anzeige der Sonnenuhr mit einer normalen Uhr. Notiere die Werte.

Seite 44/45
1
a) Hier sind drei Antwortmöglichkeiten:
10 Mal / 1000 Mal / 1 Million Mal Die richtige Antwort findest du in Material 1.

b) Hier sind drei Antwortmöglichkeiten:
15 Millionen Grad Celsius / 150 Millionen Grad Celsius / 15 Milliarden Grad Celsius
Die richtige Antwort findest du in Material 1.

3
a) Hier sind drei Antwortmöglichkeiten:
2030 / 2081 / 2135
Die richtige Jahreszahl findest du in einer der Antworten von Anja Jansen in Material 3.

Seite 46/47
1
a) Die Antwort findest du in den Zeilen 4–10.
b) Die Anzahl Stunden findest du in den Zeilen 4–10.

2 Die Lösungen findest du im Textabschnitt mit der Überschrift „Tagseite und Nachtseite" (Zeilen 29–42).

Seite 48/49
1 Achte auf die fett gedruckten Begriffe.

2 Achte auf die fett gedruckten Begriffe in den Textabschnitten. Beachte, dass die Sonne unterschiedliche Seiten des Mondes beleuchtet.

Seite 50
1 Du benötigst ein reflektierendes Material, z. B.: einen Spiegel, eine ebene Wasserfläche oder Fensterglas.

Seite 53
1 Betrachte Bild 2 und lies die Zeilen 11–20.

Seite 54
1 Überlege dir, welche Eigenschaft die Oberfläche haben muss. Wähle die passende Eigenschaft aus: hell, dunkel, glatt, rau

Seite 55
1 Die Antwort findest du in den Zeilen 24–31.

| Die Sonne / Der Mond | ist ein | beleuchteter Körper, / selbstleuchtender Körper, | da | er von der Sonne beleuchtet wird. / sie selbst Licht erzeugt. |

1 Hilfe zu Seite 34/35, Aufgabe 1

HILFEN ZU DEN AUFGABEN (○)

Seite 57
1 Betrachte Bild 1 und vergleiche es mit den Merksätzen.

Seite 58/59
1 Überlege dir, was die beiden Wörter „Total" und „Reflexion" bedeuten. Du kannst dir auch noch einmal den Merksatz am Ende der Seite durchlesen.

2 Die Antwort findest du in den Zeilen 19 – 38.

Seite 60/61
1 Sieh dir die optischen Linsen in Bild 1 an. Bild 3 hilft dir zusätzlich bei der Sammellinse.

2 Die Lösung findest du im Absatz „Brennpunkt und Brennweite".

Seite 62
1 Schau dir das Bild 2 genau an. Lies auch die Texte im Bild 2 genau durch.

Seite 64/65
1 Die beiden Linsenarten sind die Sammellinsen und die Zerstreuungslinsen. Ordne mithilfe von Bild 2 zu, welche bei Kurzsichtigkeit und welche bei Weitsichtigkeit benötigt wird.

2
a) Beschreibe in deiner Antwort, was der Ziliarmuskel in deinem Auge macht, wenn du einen nahen oder einen weit entfernten Gegenstand betrachtest.

Seite 67
1 Die Antwort findest du in den Zeilen 13 – 19.

Seite 68
1 Lies die Zeilen 1 bis 14. Achte darauf, wie die Bilder bei der analogen und wie bei der digitalen Kamera aufgefangen werden.

Seite 70
1 Die zwei Beispiele findest du in den Zeilen 9 bis 22.

Seite 71
1 Lies dir den Merksatz durch und betrachte Bild 2.

3 Elektrischer Strom

Seite 76
1 Batterie, Kabel, …

Seite 77
1 Stell dir vor, zu Hause fällt der Strom aus. Welche Geräte kannst du jetzt nicht mehr benutzen?

2 Fang so an:
Zuerst verbindet man mit einem Kabel einen Pol der Batterie mit der Glühlampe.

Seite 78
1 Fang so an:
ein Fluss – Es strömen Wasserteilchen.

Seite 79
1 Du findest die Stoffe im Text zwischen den Zeilen 21 und 27.

Seite 81
1 Die Lösung findest du am Anfang des Textes (Zeilen 1 – 5).

2 Vergleiche die Zeilen 6 – 14 und 17 – 25.

3 Achte auf die fett gedruckten Begriffe.

Seite 82/83
1 Achte auf die Überschriften der Textabschnitte.

Seite 84/85
1
a) Lies die Abschnitte zum Akkumulator und zu den Solarzellen.
b) Orientiere dich an den fett gedruckten Begriffen.

2
a) In Material 2 werden drei Spannungen genannt. Zwei davon sind für den Menschen gefährlich, eine ist ungefährlich.

HILFEN ZU DEN AUFGABEN

4
a) Fang so an:
1. Bild: Ein Föhn liegt im Wasser.
2. Bild: …

Seite 86/87
1 Schau dir zunächst Bild 1 und dann Bild 2 an. Vergleiche.

2 Fang so an:
_____
Kabel, Leitung

Seite 88/89
1 Bei Lampen kannst du eine Parallelschaltung von einer Reihenschaltung unterscheiden, indem du eine Lampe herausdrehst.

2 Nimm die Seite 82/83 zu Hilfe. Betrachte anschließend Bild 5 für die Reihenschaltung und Bild 6 für die Parallelschaltung. Jetzt kannst du die Wege des Wassers beschreiben.

Seite 90/91
1
a) Siehe Bild 2.
b) Siehe Bild 4.
c) Achte auf den Bildverweis im Textabschnitt „Wechselschaltung".

2 Beispiele findest du in Bild 1 und Bild 3. Lies außerdem die Zeilen 42–50.

Seite 92
1 Licht, …

Seite 93
1 Beachte den Merksatz (Zeilen 33–37).

Seite 94
1 Die Antwort findest du im Textabschnitt „Der Elektromagnet".

Seite 95
1 Ordne die folgenden Geräte deinem Zimmer, der Küche oder dem Supermarkt zu:
Schreibtisch-Lampe, Mikrowelle, Elektroherd, Flaschenrückgabe-Automat, Wecker, Kühltheke, Scannerkasse, Stereoanlage, Toaster, Rolltreppe, Backofen, Computer

Seite 96
1 Wasserkocher, Toaster, Föhn, …

Seite 98/99
1
a) Beachte die Lebensdauer und die Kosten für 10 Stunden für die jeweilige Lampe aus Material 1.

2
a) Die Lösung erhältst du, wenn du von dem Rechnungsbetrag für dieses Jahr den Rechnungsbetrag für das letzte Jahr abziehst.

Seite 100/101
1 Lies den Textabschnitt „Strom kann tödlich sein" (Zeilen 1–16).

2 Sicherungen schützen vor einem _____.

Basiskonzepte

Seite 104/105
1
a) Tipp: Ein Nordpol und ein Südpol sind zwei ungleichnamige Pole.
b) Tipp: Zwei gleichnamige Pole sind z. B. zwei Nordpole.

2 Wähle aus folgenden Wirkungen aus: Lichtwirkung – Wärmewirkung – magnetische Wirkung

Seite 106/107
1 Beachte die Überschriften der einzelnen Abschnitte. Dort findest du Beispiele für Systeme.

2 Lies den Textabschnitt „Elektromagnete". Schaue dir das Bild zu diesem Abschnitt genau an.

LÖSUNGEN

1 Magnetismus

1 Ferromagnetische Stoffe sind Stoffe, die von einem Magneten angezogen werden. Beispiele für ferromagnetische Stoffe sind Eisen und Nickel.

2
a) Nordpol und Südpol
b) Die Magnetpole sind die Bereiche an einem Magneten mit der stärksten Anziehungskraft.

3
a) Zwei Südpole stoßen einander ab.
b) Nordpol und Südpol ziehen einander an.

4 Eine Kompassnadel zeigt immer in Nord-Süd-Richtung.

5 Alle Magnete und alle magnetisierbaren Stoffe bestehen aus Elementarmagneten. Elementarmagnete sind kleinste, nicht mehr teilbare Magnete. In nicht magnetischen Körpern liegen die Elementarmagnete ungeordnet. In Magneten (z. B. magnetisiertem Eisen) sind die Elementarmagnete geordnet.

6 Das Magnetfeld merkt man zum Beispiel daran, dass ein Magnet schon aus der Ferne Eisennägel anziehen kann, ohne sie zu berühren. Mit einem Magneten kann man eine Kompassnadel ausrichten, ohne dass sich der Magnet und die Kompassnadel berühren müssen. Man kann ein Magnetfeld auch mit Eisenfeilspänen sichtbar machen.

7 Siehe Bild 4 auf Seite 21. Magnetfeldlinien verlaufen im Bogen vom Nordpol zum Südpol des Magneten. An den Polen ist die Magnetkraft am stärksten, dort liegen die Feldlinien am dichtesten. In der Mitte des Magneten hebt sich die Magnetkraft auf.

8 Die Skizze soll ähnlich aussehen wie das Bild auf Seite 24/25.

9 Wenn man einen Magneten halbiert, dann entstehen zwei neue Magnete. Jeder neue Magnet hat einen eigenen Nordpol und einen eigenen Südpol. Dies kann man mit dem Modell der Elementarmagnete begründen: Wenn ein Magnet geteilt wird, sorgt nämlich die Ausrichtung der Elementarmagnete dafür, dass an der Bruchstelle ein neuer Nordpol und ein neuer Südpol entstehen. Deshalb kann niemals ein einzelner Magnetpol entstehen.

10 Der Magnet wird so an einen Faden gehängt, dass er sich frei drehen kann. Die Seite des Magneten, die in Richtung Norden zeigt, ist der Nordpol des Magneten.

11 Der Nordpol der Kompassnadel zeigt zum magnetischen Südpol der Erde. Der magnetische Südpol der Erde liegt in der Nähe des geographischen Nordpols. Daher zeigt der Nordpol der Kompassnadel nach Norden zum geographischen Nordpol.

2 Optik

1 Beispiele: Sonne, Kerzenflamme, eingeschaltete Glühlampe

2 Ein Lichtstrahl ist ein sehr dünnes Lichtbündel.

3 Die Erde dreht sich um ihre eigene Achse. Dadurch ist mal die eine Seite und mal die andere Seite der Erde beleuchtet. So entstehen Tag und Nacht.

4
– Iris und Pupille: Die Pupille verändert ihren Durchmesser. Damit wird der Lichteinfall in das Auge geregelt.
– Augenlinse: Sie erzeugt ein Bild.
– Ziliarmuskel: Mit dem Ziliarmuskel kann die Form der Augenlinse verändert werden. Dadurch können wir sowohl nahe als auch weit entfernte Gegenstände deutlich sehen.

5 Die Lichtstrahlen, die von einem Gegenstand ausgehen, überkreuzen sich in der Blende. Der obere Lichtstrahl verläuft nach unten, der untere Lichtstrahl verläuft nach oben. Die Skizze könnte ähnlich aussehen wie Bild 1 auf S. 39.

6 Die Skizze könnte ähnlich aussehen wie Bild 1 auf S. 40.

7 Jan hat recht: Bei einer Mondfinsternis steht die Erde zwischen Sonne und Mond. Der Mond befindet sich im Schatten der Erde.

8 Weiße Kleidung reflektiert den größten Teil des Sonnenlichts. Schwarze Kleidung absorbiert den größten Teil. Dadurch heizt sich die Kleidung auf. Wenn du dunkle Kleidung trägst, wird es dir also schneller warm als bei heller Kleidung.

9 Eine Sammellinse ist in der Mitte dicker als am Rand. Parallele Lichtstrahlen laufen nach der Linse in einem Punkt zusammen. Dieser Punkt heißt Brennpunkt. Eine Zerstreuungslinse ist in der Mitte dünner als am Rand. Parallele Lichtstrahlen laufen nach der Linse auseinander. Es gibt einen virtuellen Brennpunkt.

10 Mit einer Experimentierleuchte erzeugt man parallele Lichtstrahlen. Diese fallen auf eine Sammellinse. Dann zeichnet man den Verlauf der Lichtstrahlen hinter der Linse ein. Diese treffen sich hinter der Linse in einem Punkt. Zum Schluss misst man die Entfernung von der Mitte der Linse zu diesem Punkt.

11 Bei der Kurzsichtigkeit ist das Auge zu lang. Das deutliche Bild liegt vor der Netzhaut. Eine Zerstreuungslinse korrigiert diesen Sehfehler. Bei der Weitsichtigkeit ist das Auge zu kurz. Das deutliche Bild würde hinter der Netzhaut liegen. Eine Sammellinse korrigiert diesen Sehfehler.

12 Ein Spiegel blendet uns dann, wenn er viele Lichtstrahlen genau in unser Auge reflektiert. Eine zerknitterte Alufolie reflektiert die Lichtstrahlen aber in viele verschiedene Richtungen und kann uns daher nicht blenden.

13 Die Behauptung stimmt. Der Wasserfilm auf der Straße wirkt wie ein Spiegel und reflektiert das Licht sehr viel stärker als eine trockene Straßendecke. Vor allem bei Dunkelheit wird man beim Autofahren besonders stark geblendet.

14 Mit einer Experimentierleuchte erzeugt man parallele Lichtstrahlen. Diese Lichtstrahlen fallen auf eine Zerstreuungslinse. Dann zeichnet man den Verlauf der Lichtstrahlen hinter der Linse ein. Sie laufen auseinander. Diese Lichtstrahlen verlängert man in einer geraden Linie zurück vor die Linse. Sie treffen sich in einem virtuellen Brennpunkt. Zum Schluss misst man die Entfernung von der Linse zu diesem virtuellen Brennpunkt.

3 Elektrischer Strom

1 Beispiele: Batterie, Akkumulator (Akku), Dynamo, Netzgerät, Solarzelle

2 Ab 24 Volt kann das Berühren von Spannungsquellen lebensgefährlich sein.

3 Der elektrische Strom hat eine Wärmewirkung, eine Lichtwirkung und eine magnetische Wirkung.

4 Beispiele:
– Ich kann abends das Licht einschalten.
– Ich kann auf dem Handy Nachrichten verschicken.
– Ich kann einen Computer benutzen.

5 Bei einem Kurzschluss fließt der Strom direkt von einem Pol der Spannungsquelle zum anderen Pol.

6
a) Siehe Bild 5 auf Seite 89.
b) Siehe Bild 6 auf Seite 89.

7
a) Eine Heckenschere wird mit einer UND-Schaltung betrieben.
b) Eine Heckenschere läuft nur, wenn mit jeder Hand ein Schalter am Gehäuse gedrückt wird. Dadurch kann man sich nicht versehentlich in die Hand schneiden.

8 Ich verbinde mit zwei Kabeln die beiden Pole der Spannungsquelle mit den Anschlüssen der Glühlampe. Nun kann ein elektrischer Strom fließen. Die Glühlampe leuchtet.

9 Ich baue eine Prüfstrecke auf. Dazu brauche ich eine Spannungsquelle, die mit einer Glühlampe verbunden ist. Das Material wird jetzt mit der Glühlampe und der Spannungsquelle verbunden. Handelt es sich um einen Leiter, leuchtet die Glühlampe. Bei einem Isolator leuchtet sie nicht.

10 Mit einem Schaltplan lassen sich Stromkreise übersichtlicher darstellen als mit einem abgezeichneten Versuchsaufbau.
Für jedes elektrische Bauteil gibt ein einheitliches Schaltzeichen. Jeder, der die Schaltzeichen kennt, kann Stromkreise in einem anderen Land aufbauen, ohne die Sprache des Landes zu kennen.

11

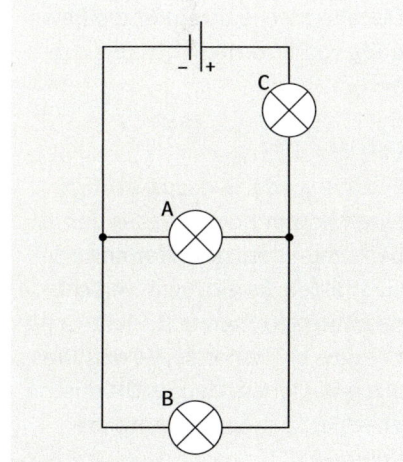

1 zu Aufgabe 11

12 Ein Toaster wandelt elektrische Energie in Wärme um.
Eine Lampe wandelt elektrische Energie in Licht und Wärme um.
Ein Ventilator wandelt elektrische Energie in eine Bewegung um.

GLOSSAR

Adaptation, die
Anpassung der Pupillen-Öffnung an den Lichteinfall

Brennpunkt, der
Punkt vor oder hinter einer Linse, in dem sich alle Parallelstrahlen schneiden

Brennpunktstrahl, der
Lichtstrahl, der vor einer Linse genau durch deren Brennpunkt geht

Brennweite, die
Streckenabschnitt zwischen Brennpunkt und Linsenmitte auf der optischen Achse

Einfallswinkel, der
Das ist der Winkel, in dem ein Lichtstrahl auf eine Oberfläche auftrifft. Er wird zum Lot hin gemessen.

elektrischer Strom, der
Der elektrische Strom ist die Bewegung von Stromteilchen (Elektronen).

Energie, die
Energie wird z. B. dazu benötigt, einen Körper hochzuheben, ihn zu beschleunigen, zu verformen oder zu erhitzen. Es gibt viele verschiedene Energieformen (z. B. elektrische Energie, Lichtenergie, Bewegungsenergie, Höhenenergie, chemische Energie, Spannenergie, innere Energie).

Erdmagnetfeld, das
Magnetfeld, das die Erde umgibt

Feldlinien, die (Pl.)
Feldlinien zeigen an, wie ein Feld (z. B. ein Magnetfeld) verläuft.

Gegenstand, der
Ding oder Objekt, z. B. ein Teller

Kompass, der
Gerät, das mithilfe des Erdmagnetfelds die Himmelsrichtung anzeigt

kurzsichtig
Sehfehler, bei dem eine Person nur nahe Gegenstände scharf sieht

Lichtquelle, die
Eine Lichtquelle sendet Licht aus.

Lichtstrahl, der
sehr dünnes Lichtbündel

Linse, die
geschliffener Glaskörper in optischen Geräten, der Licht brechen kann

Lochkamera, die
optisches Gerät, bei dem das Licht durch eine Lochblende auf einen Schirm fällt und so ein reelles Bild entsteht

Lot, das
senkrechte Hilfslinie am Auftreffpunkt eines Lichtstrahls auf einer Oberfläche

Magnetfeld, das
Bereich um einen Magneten, in dem magnetische Kräfte wirken

Magnetpole, die (Pl.)
Bereiche eines Magneten, in denen seine Kraft besonders groß ist. Es gibt einen Nordpol und einen Südpol.

Mittelpunktstrahl, der
Lichtstrahl, der durch den Mittelpunkt einer Linse geht

Modell, das
vereinfachtes Abbild der Wirklichkeit

Nachtseite, die
die Seite eines Himmelskörpers, die gerade nicht von der Sonne beleuchtet wird

optische Dichte, die
Alle durchsichtigen Stoffe haben eine optische Dichte. Wenn ein Lichtstrahl von einem optisch dünnen Stoff in einen optisch dichten Stoff übertritt, dann wird er immer zum Lot hin gebrochen. Wenn ein Lichtstrahl von einem optisch dichten Stoff in einen optisch dünnen Stoff übertritt, dann wird er immer vom Lot weg gebrochen.

Parallelschaltung, die
Bei einer Parallelschaltung befinden sich mehrere Bauteile in jeweils ihrem eigenen Stromkreis.

Parallelstrahl, der
Lichtstrahl, der vor der Linse parallel zur optischen Achse verläuft

reelles Bild, das
Bild, das durch ein optisches Gerät erzeugt wird und auf einem Schirm sichtbar gemacht werden kann

Reflexion, die
Vorgang, bei dem ein Lichtstrahl von einer glatten oder verspiegelten Oberfläche zurückgeworfen wird

Reihenschaltung, die
Bei einer Reihenschaltung befinden sich mehrere Bauteile hintereinander in demselben Stromkreis.

GLOSSAR

Sammellinse, die
Eine Sammellinse besteht normalerweise aus Glas oder Kunststoff. Sie ist in der Mitte dicker als am Rand. Lichtstrahlen, die parallel durch eine Sammellinse laufen, treffen sich hinter der Sammellinse in einem Punkt.

Schalter, die (Pl.)
Schalter können einen Stromkreis gezielt unterbrechen und schließen.

Schaltplan, der
Ein Schaltplan ist die Zeichnung eines Stromkreises nach festen Regeln. Die Bauteile werden durch Schaltzeichen dargestellt.

Schaltzeichen, die (Pl.)
festgelegte Symbole für Bauteile eines elektrischen Stromkreises

Schatten, der
In den Bereich eines Schattens gelangt kein Licht.

Spannungsquelle, die
Eine Spannungsquelle versorgt elektrische Geräte mit elektrischem Strom. Die Batterie ist ein Beispiel für eine Spannungsquelle.

Stoff, der
naturwissenschaftlicher Begriff für Material

Stromkreis, der
Ein Stromkreis besteht aus einem elektrischen Gerät, Kabeln und einer Spannungsquelle. Der Stromkreis muss geschlossen sein, damit das elektrische Gerät funktioniert.

Tagseite, die
die Seite eines Himmelskörpers, die gerade von der Sonne beleuchtet wird

virtuelles Bild, das
Bild, das durch ein optisches Gerät erzeugt wird, aber auf einem Schirm nicht sichtbar gemacht werden kann

Vergrößerung, die
gibt bei einem optischen Gerät an, wie stark ein Gegenstand vergrößert wird, wenn wir durch es hindurchsehen

Zerstreuungslinse, die
Eine Zerstreuungslinse besteht normalerweise aus Glas oder Kunststoff. Sie ist in der Mitte dünner als am Rand.

STICHWORTVERZEICHNIS

A
Absorption 54, 72, 104
Ausfallswinkel 51
ausgedehnte Licht-
  quelle 40f

B
beleuchteter
  Körper 34f
Bild, Sammellinse 62
Blende 68
Brechung, Licht 57ff
Brennpunkt 60f, 72
  – reeller 60f
  – virtueller 60f
Brennweite 60f
Brille 64f

D
Daguerre, Louis 69
Dichte,
  optische 57

E
Edison, Thomas Alva 97
EIN-Aus-Schalter 81
Einfallswinkel 51
elektrische Energie 96, 102
elektrischer Strom 78, 93
  – Wirkungen 93
Elektromagnet 93f, 106
Elektron 78
Elementarmagnet 18f, 30
Empfänger 34f
  – Licht 34f
Energie 96
  – elektrische 96, 102
Energiesparen 98f
Entmagnetisieren 17
Erdachse 24f, 46f
Erdmagnetfeld 24ff
Erdmagnetfeld 28f
  – Orientierung 28f
Erdmagnetfeld 27
  – Umpolung 27
Erdmagne-
  tismus 24f
Erdmagnetismus 26f
  – Ursache 26f

F
Farbaddition 71
Farbbildschirm 71
Farbspektrum 70, 72
Feld 20ff, 30
  – magnetisches 20ff, 30
Feldlinie 20f
  – magnetische 20ff
ferromagnetischer
  Stoff 13, 17
FI-Schalter 100f, 195

G
geographischer
  Nordpol 24ff
geographischer
  Südpol 24ff
Glasfaser 58f
Glühlampe 97
Göbel, Heinrich 96

H
Halbschatten 42
Hans Christian
  Oersted 94
Heinrich Göbel 97

I
Isolator 79, 102

J
Joseph Nièpce 69

K
Kamera 68f
Kernschatten 42
Kompass 28f
Kompass-App 28f
Körper, beleuchteter 34f
Körper, selbst-
  leuchtender 34f
Kurzschluss 100f, 102
Kurzsichtigkeit 64f

L
Leiter 79, 102
Licht 34f, 72
  – Empfänger 34f
  – Sender 34f

Lichtausbreitung 37
Lichtbrechung 57ff
Lichtbündel 37
Lichtleiter 58f
Lichtquelle 34f
Lichtquelle 40f
  – punktförmig 40f
  – ausgedehnte 40f
Lichtstrahl 37
  – Modell 37
Linse 60f, 72
Lochblende 39
Lochkamera 39, 69
Lot 50
Louis Daguerre 69
Lupe 67. 72

M
Magnet 13ff, 18f, 30, 104
Magnetfeld 20ff, 24ff, 30
  – Erde 24ff, 30
magnetische
  Feldlinie 20ff
magnetische
  Polgesetze 14f
magnetische
  Wirkung 13
magnetischer Nordpol
  14f, 24ff, 30
magnetischer
  Südpol 14f, 24ff, 30
magnetisches
  Feld 20ff, 30
Magnetisieren 17
Magnetpol 14f, 23, 26f, 30
Minuspol 77
Modell 18f
Modell 37, 82f
  – Lichtstrahl 37
  – Stromkreis 82f
Mondfinsternis 44f
Mondphasen 48f

N
Nacht 46f
Nacht-
  seite 46f
Nichtleiter 79, 102
Nièpce, Joseph 69

Nordpol 14f, 24ff, 30
  – geographischer 24ff
  – magnetischer 14f, 24ff, 30

O
Objektiv 68
ODER-Schaltung 90f, 102
Oersted, Hans
  Christian 94
optische Dichte 57
Orientierung 28f
  – Erdmagnetfeld 28f

P
Parallelschaltung 88, 90f, 102
Pixel 71
Pluspol 77
Polgesetze 14, 30
  – magnetische 14, 30
Polung 77
Prisma 70
punktförmige Licht-
  quelle 40f
Pupille 64f

R
Randstrahl 40f
Reflektor 55
Reflexion 50ff, 58f
  totale 58f, 72
Reflexionsgesetz 51, 72
Reihenschaltung 88ff, 102

S
Sammel-
  linse 62, 60f, 64f, 72
  – Bild 62
Schalter 81, 102
Schaltplan 86f, 102
Schaltzeichen 86f, 102
Schatten 40ff, 72
Schattenbild 40f
Schattenraum 40f, 72
Schirm 39
Schmelz-
  sicherung 100f
Schutzleiter 100f

122

STICHWORTVERZEICHNIS

Sehfehler 64f
selbstleuchtender Körper 34f
Sender 34f
– Licht 34f
Sicherheit 55
– Straßenverkehr 55
Sicherheitseinrichtungen 8
Sicherheitsregeln 8
Sicherheitsschaltung 90f
Sicherung 100f, 102, 105
Sicherungsautomat 100f
Sonnenfinsternis 44f
Sonnenuhr 43
Spannung, hohe 85
Spannungsquelle 77, 84f, 102
Spektralfarbe 70
Spiegel 50, 52f, 72
Spiegelbild 52f
Stoff 13, 17
– ferromagnetischer 13, 17
Straßenverkehr 55
– Sicherheit 55
Streuung 54
Strom 78, 102
– elektrischer 78, 102
Stromkreis 77, 102, 106
Stromkreis 82f
– Modell 82f
Stromschlag 100f
Südpol 14f, 24ff, 24ff, 30
– geographischer 24ff
– magnetischer 14f, 24ff, 30

T

Tag 46f
Tagseite 46f
Talbot, William 69
Taster 81
Thomas Alva Edison 97
Totalreflexion 58f

U

Umpolung 27
– Erdmagnetfeld 27
UND-Schaltung 90f, 102

Ursache 26f
– Erdmagnetismus 26f

V

Vergrößerung 62, 67
Vergrößerungsfaktor 67
Verkleinerung 62
Versuch 10
Versuchsanordnung 10

W

Wasserstromkreis 82f
Wechselschaltung 90f
Weitsichtigkeit 64
William Talbot 69
Wippschalter 81
Wirkung 13
– magnetische 13
Wirkungen 93, 102
– elektrischer Strom 93, 102, 105

Z

Zerstreuungslinse 60f, 64f, 72
Ziliarmuskel 64f

123

TABELLEN

Vorsilben für Vielfache und Teile von Einheiten

Vorsilbe	Bedeutung	Beispiel	Vorstellung zum Beispiel
Femto f	$10^{-15} = 0{,}000\,000\,000\,000\,001$	$1\,fm = 10^{-15}\,m$	Größe von Protonen und Neutronen
Pico p	$10^{-12} = 0{,}000\,000\,000\,001$	$1\,pPa = 10^{-12}\,Pa$	Luftdruck im erdnahen Weltraum
Nano n	$10^{-9} = 0{,}000\,000\,001$	$1\,nm = 10^{-9}\,m$	Größe von Molekülen
Mikro µ	$10^{-6} = 0{,}000\,001$	$1\,µg = 10^{-6}\,g$	Masse eines größeren Staubkorns
Milli m	$10^{-3} = 0{,}001$	$1\,mV = 10^{-3}\,V$	Spannung in den Nerven zur Reizleitung
Zenti c	$10^{-2} = 0{,}01$	$1\,cl = 10^{-2}\,l$	Volumen von einem Kaffeelöffel Flüssigkeit
Dezi d	$10^{-1} = 0{,}1$	$1\,dm = 10^{-1}\,m$	Handbreite
	$10^{0} = 1$	$1\,A$	Stromstärke bei einem Zitteraal-Angriff
Deka da	$10^{1} = 10$	$1\,dam = 10\,m$	Breite einer Straße
Hekto h	$10^{2} = 100$	$1\,hl = 10^{2}\,l$	Volumen eines größeren Koffers
Kilo k	$10^{3} = 1\,000$	$1\,kA = 10^{3}\,A$	Stromstärke bei einer Elektrolokomotive
Mega M	$10^{6} = 1\,000\,000$	$1\,MHz = 10^{6}\,Hz$	Frequenz elektrischer Schwingungen im Radio
Giga G	$10^{9} = 1\,000\,000\,000$	$1\,GW = 10^{9}\,W$	Leistung eines Kernkraftwerks
Tera T	$10^{12} = 1\,000\,000\,000\,000$	$1\,TW = 10^{12}\,W$	Leistung eines Gewitterblitzes
Peta P	$10^{15} = 1\,000\,000\,000\,000\,000$	$1\,Pm = 10^{15}\,m$	Weg, den das Licht in einem Monat zurücklegt

Größen und Einheiten

Größe	Zeichen	Einheit	Zeichen	Größe	Zeichen	Einheit	Zeichen
Länge	s, l	Meter	m	Kraft	F	Newton	N
Fläche	A	Quadratmeter	m²	Arbeit	W	Joule, Wattsekunde	J, Ws
Volumen	V	Kubikmeter	m³	Energie	E	Joule, Wattsekunde	J, Ws
Masse	m	Kilogramm	kg	Leistung	P	Watt	W
Dichte	r		$\frac{kg}{m^3}, \frac{g}{cm^3}$				
Stoffmenge	n	Mol	mol	Temperatur	T	Grad Celsius	°C
						Kelvin	K
Molare Masse	M		g/mol	Ladung	Q	Coulomb	C
Zeit	t	Sekunde	s	Stromstärke	I	Ampere	A
Geschwindigkeit	v		$\frac{m}{s}, \frac{km}{h}$	Spannung	U	Volt	V
Frequenz	f	Hertz	Hz	Widerstand	R	Ohm	Ω

Umrechnungen

Umrechnung von Masseinheiten

Tonne t	Kilogramm kg	Gramm g	Milligramm mg
1 t	= 1000 kg		
	1 kg	= 1000 g	
		1 g	= 1000 mg

Umrechnung von Volumeneinheiten

Kubikmeter m^3	Kubikdezimeter dm^3	Kubikzentimeter cm^3	Kubikmillimeter mm^3
1 m^3	= 1000 dm^3		
	1 dm^3 (l)	= 1000 cm^3 (ml)	
		1 cm^3	= 1000 mm^3

Eigenschaften verschiedener Stoffe

Feste Stoffe	Dichte bei 20 °C in g/cm^3	spezifische Wärmekapazität in kJ/(kg·K)	Ausdehnung eines 1-m-Stabes bei Erwärmung um 10 K in mm	Schmelztemperatur in °C	Siedetemperatur in °C
Aluminium	2,70	0,896	0,238	660	2400
Beton	2,2 – 2,5	0,879	0,11		
Blei	11,35	0,129	0,294	327	1750
Eis (−4 °C)	0,92	2,090	0,37	0	100
Eisen	7,86	0,452	0,116	1535	2800
Gold	19,30	0,129	0,142	1063	2660
Kochsalz	2,16	0,854	0,48	808	1461
Kupfer	8,93	0,385	0,168	1083	2582
Silber	10,50	0,237	0,193	961	2180
Zinn	7,30	0,226	0,27	232	2680

Flüssigkeiten			Ausdehnung von 10 l bei 20 °C und Erwärmung um 1 K in ml		
Alkohol (Ethanol)	0,789	2,40	11,0	−114	78
Quecksilber	13,546	0,138	1,8	−39	357
Wasser	0,998	4,18	2,1	0	100

Gase	bei 0 °C in g/l				
Helium	0,179	5,23		−273	−269
Kohlenstoffdioxid	1,977	0,837		−78	−57
Kohlenstoffmonooxid	1,25	1,05		−204	−191
Luft	1,293	1,005		−213	−193

LABORGERÄTE

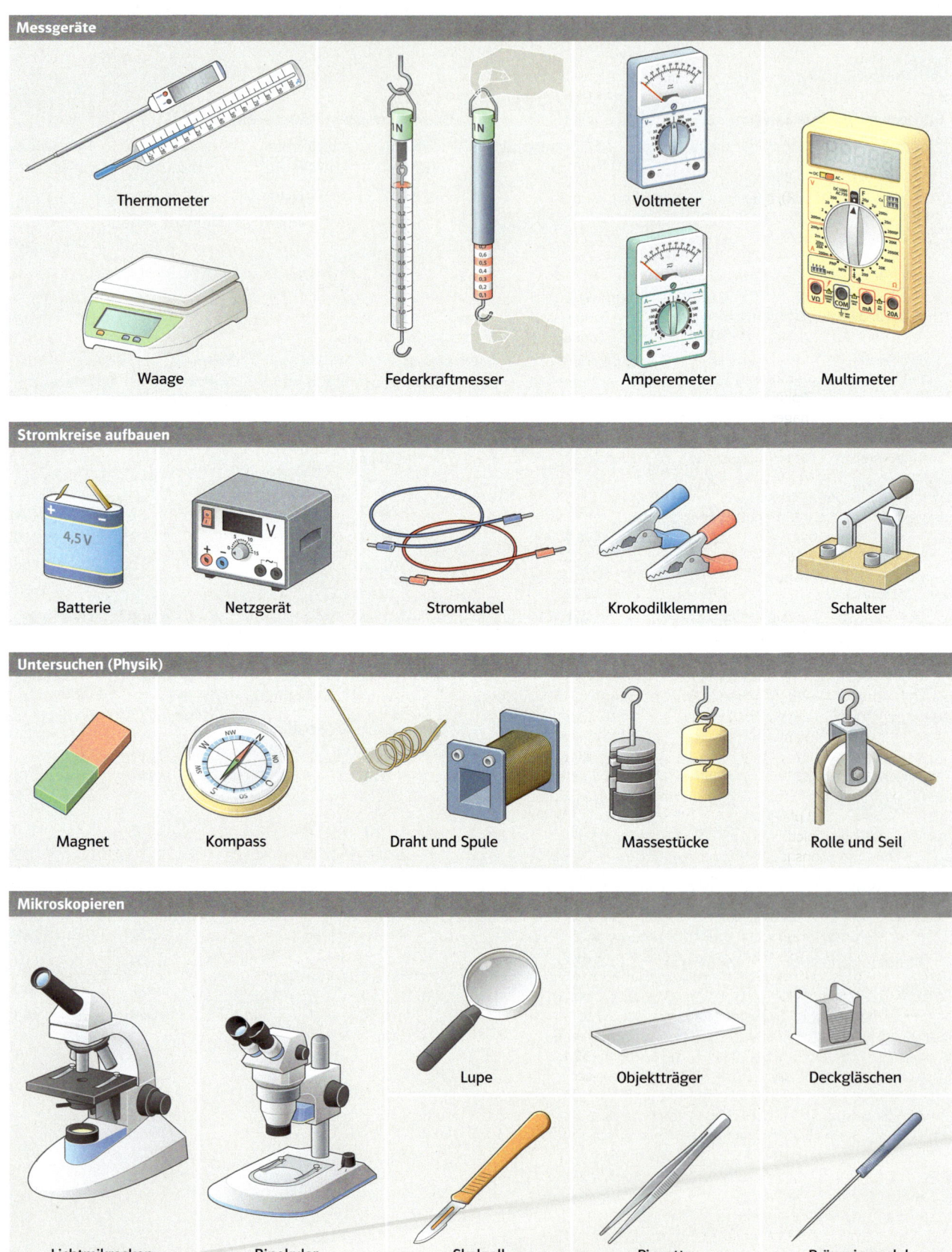

BILDNACHWEIS

U1.1 plainpicture GmbH & Co. KG (DEEPOL), Hamburg; U4.1 Getty Images RF (Moment Open / Christine Rose Photography), München; U1.2 plainpicture GmbH & Co. KG (nico), Hamburg; 2.1 Getty Images Plus (mantaphoto/E+), München; 2.2 Getty Images (Ulrike Schmitt-Hartmann/Taxi), München; 3.1 plainpicture GmbH & Co. KG (DEEPOL), Hamburg; 4.1 Getty Images (National Geographic Image Collection), München; 4.2 Image Professionals GmbH/ Science Photo Library (JEREMY WALKER), München; 5.1 By Peter nussbaumer - German Wikipedia, original upload 11:59, 20. Nov 2005 by Peter nussbaumer, CC BY-SA 3.0, https://commons.wikimedia.org/w/index.php?curid=443141, siehe *3; 5.2 Getty Images (Cultura Exclusive), München; 6.1 Getty Images Plus (DigitalVision/Pete Gardner), München; 6.2 Getty Images Plus (GYRO PHOTOGRAPHY), München; 6.3 plainpicture GmbH & Co. KG (johannes pöttgens), Hamburg; 6.4 plainpicture GmbH & Co. KG (Mira/Ulf Westerman), Hamburg; 6.5 plainpicture GmbH & Co. KG (DEEPOL), Hamburg; 6.6 plainpicture GmbH & Co. KG (Photographer's Choice RF/All images 2014 - Emrah Turudu), Hamburg; 6.7 plainpicture GmbH & Co. KG (Reilika Landen), Hamburg; 6.8 Getty Images (Juice Images/Ian Lishman), München; 7.1 ShutterStock.com RF (Elnur), New York, NY; 10.1 ShutterStock.com RF (Serhiy Kobyakov), New York, NY; 10.2 ShutterStock.com RF (Dmitry Naumov), New York, NY; 11.3 Fotolia.com (Noel Powell), New York; 11.4 Fotolia.com (WavebreakMediaMicro), New York; 12.1 Klett-Archiv, Stuttgart; 13.1 ShutterStock.com RF (A. and I. Kruk), New York, NY; 14.1 Zuckerfabrik Fotodesign, Stuttgart; 15.4 Zuckerfabrik Fotodesign, Stuttgart; 16.1 Klett-Archiv, Stuttgart; 17.2 MEV Verlag GmbH, Augsburg; 19.3 ShutterStock.com RF (DAN559), New York, NY; 19.4 Anke Méndez, Königsbronn; 20.2 Anke Méndez, Königsbronn; 21.3 Zuckerfabrik Fotodesign (Ginger Neumann), Stuttgart; 22.1 Zuckerfabrik Fotodesign, Stuttgart; 22.2 Zuckerfabrik Fotodesign, Stuttgart; 23.1 Anke Méndez, Königsbronn; 23.2 Anke Méndez, Königsbronn; 27.3 ShutterStock.com RF (Roman Krochuk), New York, NY; 28.2 Getty Images Plus (Adrian Myers/Photodisc), München; 29.1 Getty Images (imageBROKER), München; 30.1 Zuckerfabrik Fotodesign (Ginger Neumann), Stuttgart; 31.1 ShutterStock.com RF (Bohbeh), New York, NY; 32.1 Getty Images (Marco Bottigelli/Moment), München; 32.2 Getty Images (Ian Lishman/Juice Images), München; 33.1 Getty Images (Craig van der Lende / The Image Bank), München; 33.2 plainpicture GmbH & Co. KG (DEEPOL), Hamburg; 33.3 plainpicture GmbH & Co. KG (DEEPOL), Hamburg; 34.1 dreamstime.com (Hans Jacob Solgaard), Brentwood, TN; 37.1 Thinkstock (iStockphoto), München; 37.2 Klett-Archiv, Stuttgart; 37.3 NASA, Washington , D.C.; 41.4 Fotolia.com (jannoon028), New York; 41.5 Fotolia.com (Jaroslav Machacek), New York; 44.1 plainpicture GmbH & Co. KG (Cultura/Callista Images), Hamburg; 44.2 plainpicture GmbH & Co. KG (Image Source/Simon Potter), Hamburg; 44.3 Getty Images (National Geographic Image Collection), München; 44.4 Getty Images Plus (Alan Dyer/Stocktrek Images), München; 45.1 Getty Images Plus (Tegra Stone Nuess/DigitalVision), München; 46.1 Fotolia.com (Frog 974), New York; 46.2 ShutterStock.com RF (Brian A Jackson), New York, NY; 52.1 iStockphoto (Plus), Calgary, Alberta; 52.3 ShutterStock.com RF (Lazar Mihai-Bogdan), New York, NY; 53.4 ddp images GmbH (dapd/Rene Werner), Hamburg; 53.5 Ullstein Bild GmbH (imagebroker.net/Jochen Tack), Berlin; 54.1 Thinkstock (Hemera), München; 54.2 MEV Verlag GmbH, Augsburg; 55.1 Fotolia.com (Hellen Sergeyeva), New York; 55.2 Mauritius Images (Alamy), Mittenwald; 57.2 Michael Maiworm, Hattingen; 58.1 Mauritius Images (Haag + Kropp), Mittenwald; 61.2 Zuckerfabrik Fotodesign, Stuttgart; 61.3 Michael Maiworm, Hattingen; 63.1 Michael Maiworm, Hattingen; 63.2 Michael Maiworm, Hattingen; 63.3 Michael Maiworm, Hattingen; 63.4 Michael Maiworm, Hattingen; 64.1a iStockphoto (ZoneCreative), Calgary, Alberta; 64.1b ShutterStock.com RF (Juice Team), New York, NY; 65.3 Fotolia.com (banglds), New York; 66.2 www.panthermedia.net (Daniel Wiedemann), München; 67.1 Klett-Archiv (Rolf Strecker), Stuttgart; 67.2 Fotolia.com (Eisenhans), New York; 67.3 Alamy stock photo (Akihito Yokoyama), Abingdon, Oxon; 68.1 dreamstime.com (Woo Bing Siew), Brentwood, TN; 68.2 ShutterStock.com RF (neelsky), New York, NY; 68.3 Fotolia.com (lassedesignen), New York; 69.1 Ullstein Bild GmbH (NMSI/Science), Berlin; 69.2 gemeinfrei (Joseph Nicéphore Niépce/public domain),; 70.1 Michael Maiworm, Hattingen; 71.1 ShutterStock.com RF (S.Rimkuss), New York, NY; 73.1 ShutterStock.com RF (S. Kuelcue), New York, NY; 74.1 Getty Images Plus (Jorg Greuel/DigitalVision), München; 74.2 plainpicture GmbH & Co. KG (PhotoAlto), Hamburg; 75.1 Getty Images (Photographer's Choice /Copyright 2008 Dana Hoff. All rights reserved), München; 75.2 plainpicture GmbH & Co. KG (Hero Images), Hamburg; 76.3 Georg Trendel, Unna; 78.2 Fotolia.com (Fotolyse), New York; 81.1 ShutterStock.com RF (IKO), New York, NY; 84.1 Getty Images (Tetra images), München; 84.2 plainpicture GmbH & Co. KG (trubavin), Hamburg; 84.3 PHYWE Systeme GmbH & Co. KG, Göttingen; 84.4 Getty Images (EyeEm), München; 84.5 plainpicture GmbH & Co. KG (Böhm Monika), Hamburg; 85.1 Fotolia.com (Jürgen Fälchle), New York; 85.2 Getty Images (fStop), München; 85.3 Getty Images (Cultura), München; 85.4 Getty Images (Corbis), München; 85.5 Getty Images (Taxi/www.bernhardlang.de), München; 88.1 Thinkstock (StefiRaich), München; 88.2 ShutterStock.com RF (Selin Aydogan), New York, NY; 90.1 ShutterStock.com RF (Svetislav1944), New York, NY; 93.1a iStockphoto (koksharov dmitry), Calgary, Alberta; 93.1b ShutterStock.com RF (helfei), New York, NY; 93.1c dreamstime.com (Dan Van Den Broeke), Brentwood, TN; 94.1 akg-images, Berlin; 94.2 ShutterStock.com RF (worradirek), New York, NY; 95.1 NASA, Washington , D.C.; 96.1 ShutterStock.com RF (Yiargo), New York, NY; 96.2 iStockphoto (Samuel Clarke), Calgary, Alberta; 96.3 www.panthermedia.net (Jeffrey Daly), München; 97.1 gemeinfrei (PD),; 97.2 akg-images, Berlin; 98.1 Alamy stock photo (Backyard Productions), Abingdon, Oxon; 98.2 Getty Images (500Px Plus), München; 98.3 Getty Images (Moment), München; 98.4 stock.adobe.com (stockphoto-graf), Dublin; 98.5 ShutterStock.com RF (HBRH), New York, NY; 99.1 plainpicture GmbH & Co. KG (Moment/©2014-2018 Tomasz Skoczen), Hamburg; 99.2 ShutterStock.com RF (Buncha Lim), New York, NY; 99.3 Getty Images (Dominik Eckelt/Photographer's Choice RF), München; 99.4 F1online digitale Bildagentur (Imagebroker RM), Frankfurt; 100.2 www.panthermedia.net (Ralf Scheer), München; 101.4 Thinkstock (iStockphoto), München; 103.1 Alamy stock photo (NicoElNino), Abingdon, Oxon; 104.2 MEV Verlag GmbH, Augsburg; 105.1 iStockphoto (koksharov dmitry), Calgary, Alberta; 105.2 Fotolia.com (Jürgen Fälchle), New York; 107.1 Fotolia.com (Frog 974), New York; 107.2 ShutterStock.com RF (Zoom Team), New York, NY; 108.1 ShutterStock.com RF (IKO), New York, NY; 113.1 Thomas Weccard Fotodesign BFF (Thomas Weccard), Ludwigsburg

*3 Lizenzbestimmungen zu CC-BY-SA-4.0 siehe: http://creativecommons.org/licenses/by-sa/4.0/legalcode

Sollte es in einem Einzelfall nicht gelungen sein, den korrekten Rechteinhaber ausfindig zu machen, so werden berechtigte Ansprüche selbstverständlich im Rahmen der üblichen Regelungen abgegolten.

Hinweis zu den Versuchen
Vor der Durchführung eines Versuchs müssen mögliche Gefahrenquellen besprochen werden. Die geltenden Richtlinien zur Vermeidung von Unfällen beim Experimentieren sind zu beachten. Da Experimentieren grundsätzlich umsichtig erfolgen muss, wird auf die üblichen Verhaltensregeln, insbesondere auf die „Richtlinien zur Sicherheit im Unterricht an allgemeinbildenden Schulen in Nordrhein-Westfalen" (RiSU-NRW) nicht jedes Mal erneut hingewiesen.
Einige Substanzen, mit denen im Unterricht umgegangen wird, sind als Gefahrstoffe eingestuft. Sie können in den einschlägigen Verzeichnissen nachgeschlagen werden, zum Beispiel in der GESTIS-Stoffdatenbank der Deutschen Gesetzlichen Unfallversicherung.
Die Versuchsanleitungen sind nach Schüler- und Lehrerversuchen unterschieden und enthalten in besonderen Fällen Hinweise auf mögliche Gefahren. Das Tragen einer Schutzbrille beim Experimentieren ist unerlässlich.

1. Auflage   1 $^{7\ 6\ 5\ 4\ 3}$ | 28 27 26 25 24

Alle Drucke dieser Auflage sind unverändert und können im Unterricht nebeneinander verwendet werden.
Die letzte Zahl bezeichnet das Jahr des Druckes.

Das Werk und seine Teile sind urheberrechtlich geschützt. Das Gleiche gilt für die Software und das Begleitmaterial. Jede Nutzung in anderen als den gesetzlich zugelassenen Fällen bedarf der vorherigen schriftlichen Einwilligung des Verlages. Hinweis § 60 a UrhG: Weder das Werk noch seine Teile dürfen ohne eine solche Einwilligung eingescannt und/oder in ein Netzwerk eingestellt werden. Dies gilt auch für Intranets von Schulen und sonstigen Bildungseinrichtungen. Fotomechanische, digitale oder andere Wiedergabeverfahren nur mit Genehmigung des Verlages.
Jede öffentliche Vorführung, Sendung oder sonstige gewerbliche Nutzung oder deren Duldung sowie Vervielfältigung (z. B. Kopieren, Herunterladen oder Streamen) und Verleih und Vermietung ist nur mit ausdrücklicher Genehmigung des Ernst Klett Verlages erlaubt.
Nutzungsvorbehalt: Alle Rechte, auch für Text- und Data-Mining (TDM), Training für künstliche Intelligenz (KI) und ähnliche Technologien, sind vorbehalten.
An verschiedenen Stellen dieses Werkes befinden sich Verweise (Links) auf Internet-Adressen. Haftungshinweis: Trotz sorgfältiger inhaltlicher Kontrolle wird die Haftung für die Inhalte der externen Seiten ausgeschlossen. Für den Inhalt dieser externen Seiten sind ausschließlich die Betreiber verantwortlich. Sollten Sie daher auf kostenpflichtige, illegale oder anstößige Inhalte treffen, so bedauern wir dies ausdrücklich und bitten Sie, uns umgehend per E-Mail an info@klett.support davon in Kenntnis zu setzen, damit bei der Nachproduktion der Verweis gelöscht wird.
Lehrmedien/Lehrprogramm nach § 14 JuSchG

© Ernst Klett Verlag GmbH, Stuttgart 2020. Alle Rechte vorbehalten. www.klett.de
Das vorliegende Material dient ausschließlich gemäß § 60b UrhG dem Einsatz im Unterricht an Schulen.

Autorinnen und Autoren: Heinz Joachim Ciprina, Michael Maiworm, Till Stephan, Oliver Wegner
Unter Mitarbeit von Autorinnen und Autoren der folgenden Werke: 978-3-12-068781-8, 978-3-12-068782-5, 978-3-12-068793-1, 978-3-12-068840-2, 978-3-12-068850-1, 978-3-12-069005-4, 978-3-12-069010-8, 978-3-12-069020-7

Entstanden in Zusammenarbeit mit dem Projektteam des Verlages.

Gestaltung: KOMA AMOK®, Kunstbüro für Gestaltung, Stuttgart
Umschlaggestaltung: KOMA AMOK®, Kunstbüro für Gestaltung, Stuttgart
Illustrationen: Matthias Balonier, Lützelbach; Joachim, Hormann, Stuttgart; Cyprian Lothringer, Leipzig; Karin Mall, Berlin; Alfred Marzell, Schwäbisch Gmünd; Tom Menzel, Scharbeutz/Klingberg; Gerhart Römer, Ihringen a.K.; Werner Wildermuth, Würzburg,

Satz: media office GmbH, Kornwestheim
Reproduktion: Meyle + Müller, Medien-Management, Pforzheim
Druck: Firmengruppe APPL, aprinta druck, Wemding

Printed in Germany
ISBN 978-3-12-069280-5